SACS ET ACCESSOIRES AU CROCHET

les éditions de saxe

SOMMAIRE

Sacs et accessoires au crochet

Ne dit on pas que la mode est un éternel recommencement.
Le crochet n'échappe pas à cette règle. Et quand le crochet joue la tendance avec une pincée de nostalgie… ce sont les indispensables accessoires qui changent tout pour oser la mode d'aujourd'hui. Simples à réaliser et colorés, les sacs, bonnets et fleurs constituent la panoplie de petits plus qui vous accompagneront en toutes circonstances. Perles et strass customisent l'intemporel crochet.
Le pas à pas des points du crochet détaillé en 8 pages, c'est l'occasion d'encourager celles qui n'auraient jamais osé se lancer. Ainsi mailles en l'air avant mailles coulées, brides après mailles serrées, c'est la simplicité même, pour que au fil des rangs ou des tours naissent ces incontournables basiques que sont les accessoires de mode.
Vingt-deux modèles pour vous, qui vous accompagneront en toute circonstance, avec la satisfaction de porter Votre création".

SYMBOLES ET EXÉCUTION DES POINTS

POSITION DES MAINS

Comment tenir le fil

(1)

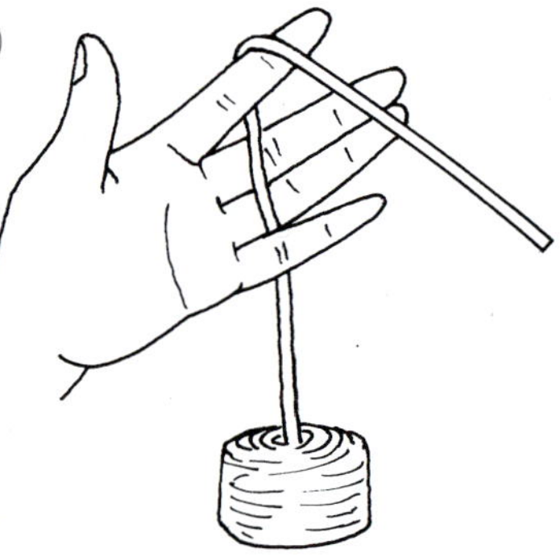

Placer l'extrémité du fil sur la paume de la main gauche, et le faire passer entre l'index et le majeur, puis entre l'annulaire et l'auriculaire.

(2)

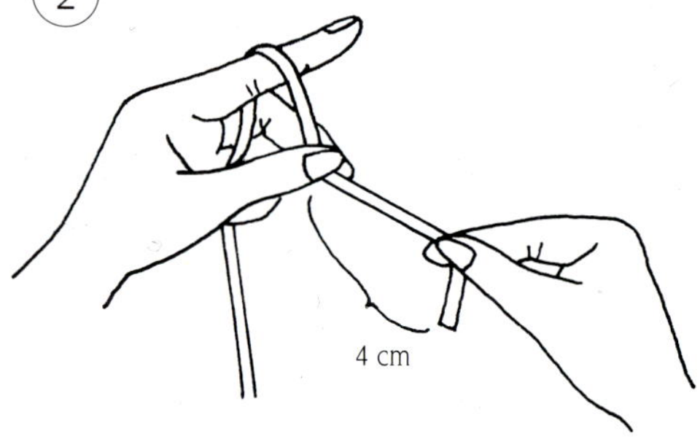

Tenir le fil entre le pouce et le majeur, relever l'index pour tendre le fil sur environ 4 cm. Ce doigt doit pouvoir bouger librement, afin de contrôler la tension du fil.

Comment tenir le crochet

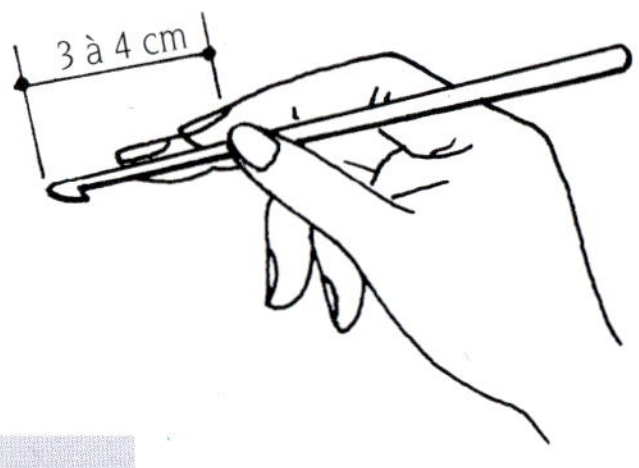

DÉBUT D'UN OUVRAGE

(1)

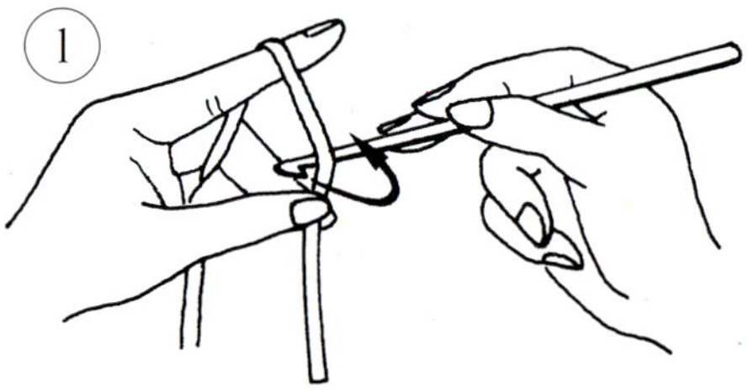

Mettre le crochet derrière le fil et tourner le crochet en suivant la flèche.

(2)

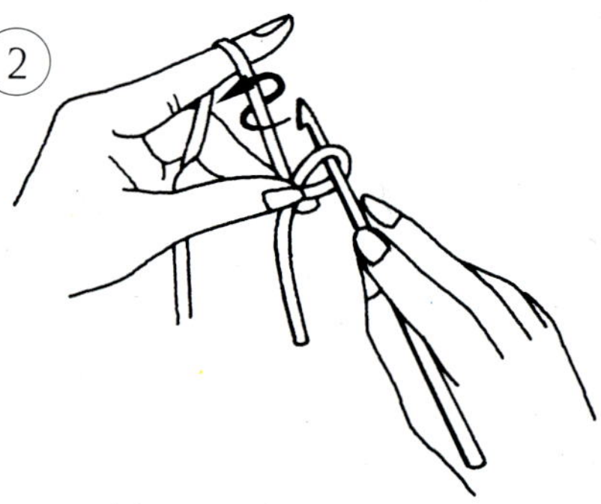

Tenir la boucle entre le pouce et le majeur.

(3)

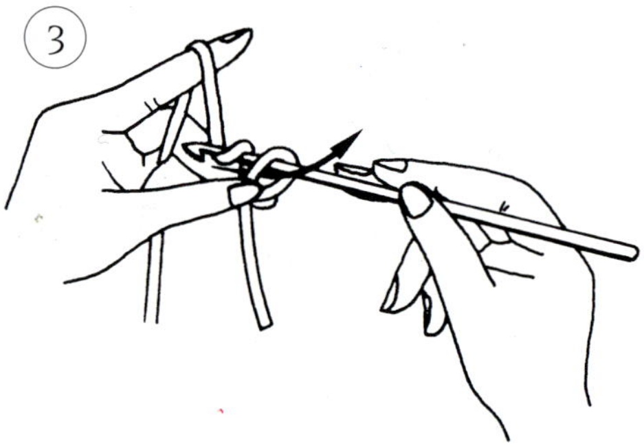

Ramener le jeté à travers la boucle en suivant la flèche.

(4)

Tenir la boucle pour resserrer.

(5)

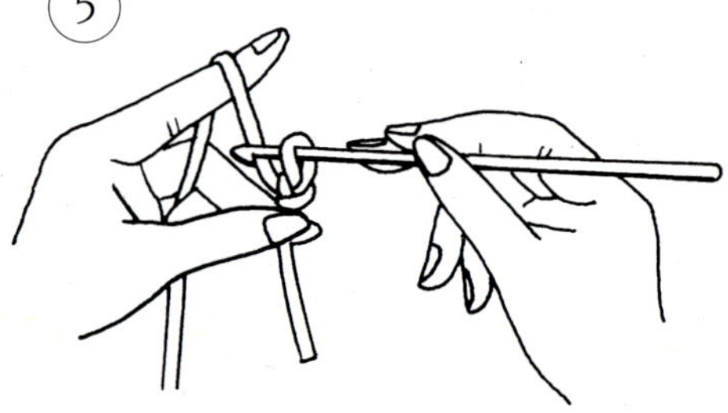

1 boucle de base de la chaînette de mailles en l'air est réalisée.

DÉBUT DES RANGS

Chaque point à sa hauteur: le début du rang de chaque point doit être remplacé par un nombre de mailles en l'air correspondant à la hauteur du point. Ce nombre de mailles en l'air de substitution sera compté comme un point (2 mailles en l'air pour une demi-bride, 3 mailles en l'air pour une bride, etc). Dans le cas où une maille serrée remplace une maille en l'air, celle-ci ne sera pas considérée comme une maille de substitution.

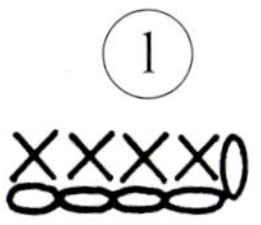

1 maille air (m. air)

mailles serrées (m.s.)

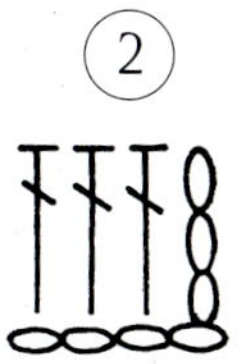

3 mailles air (3 m. air)

brides (br.)

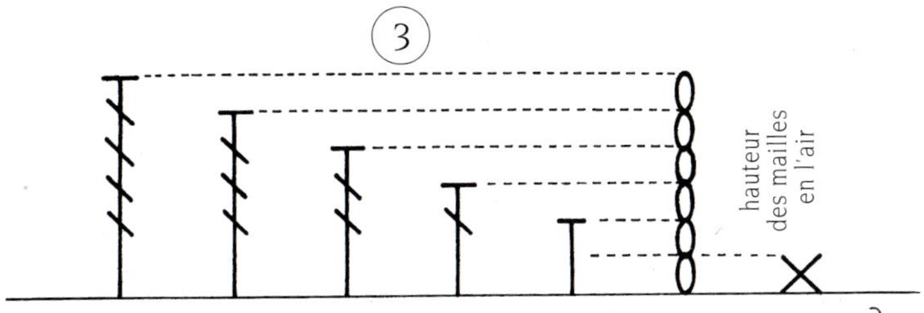

COMMENCEMENT D'UN MOTIF EN ROND AVEC DES MAILLES SERRÉES

Enrouler 2 fois l'extrémité du fil.

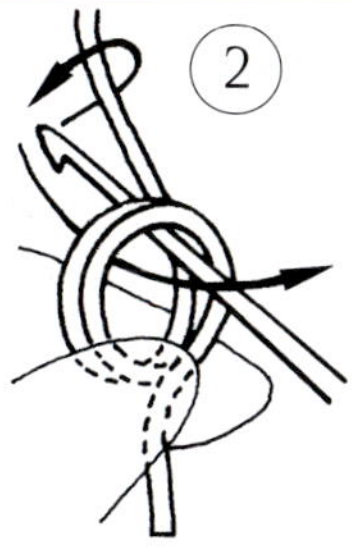
Piquer le crochet dans la boucle et faire un jeté sur le crochet. Ramener le jeté à travers la boucle double en suivant les flèches.

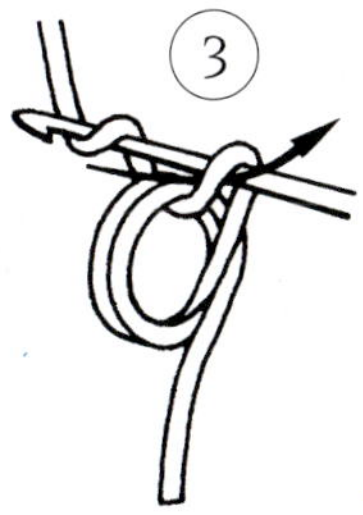
Faire un autre jeté sur le crochet en suivant la flèche pour faire 1 maille en l'air.

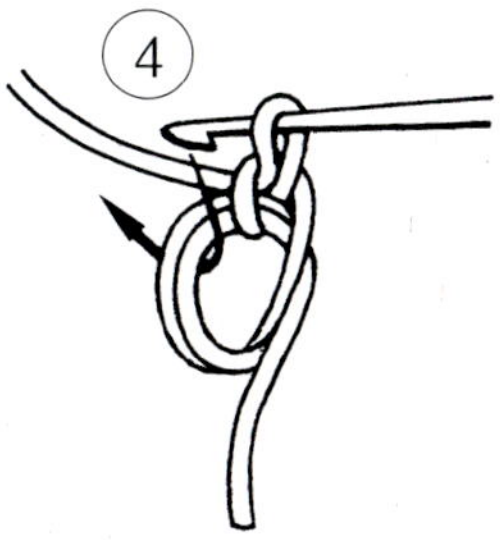
La maille en l'air remplace la hauteur d'une maille serrée.

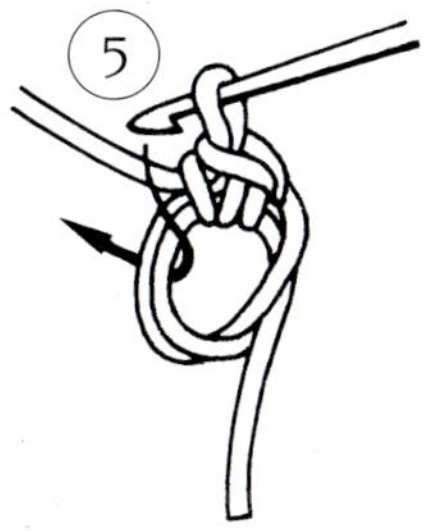
Crocheter ainsi le nombre de mailles serrées nécessaire.

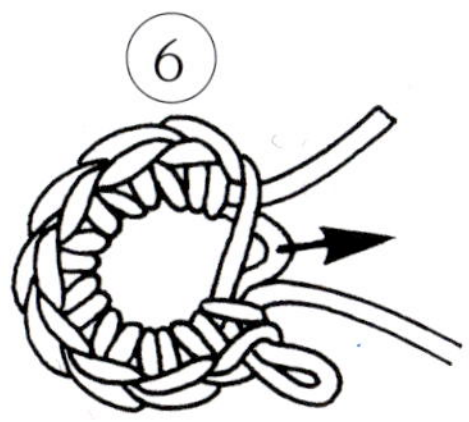
En suivant la flèche, resserrer la boucle intérieure.

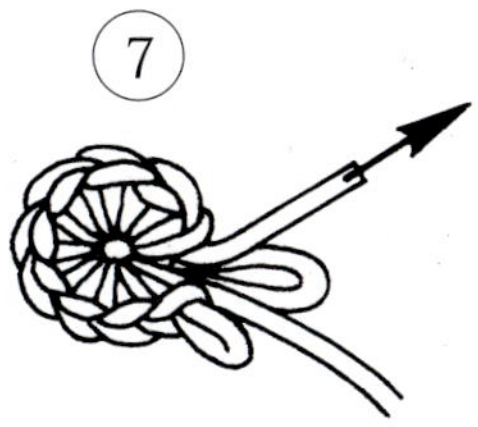
Tirer l'extrémité du fil pour fermer la boucle.

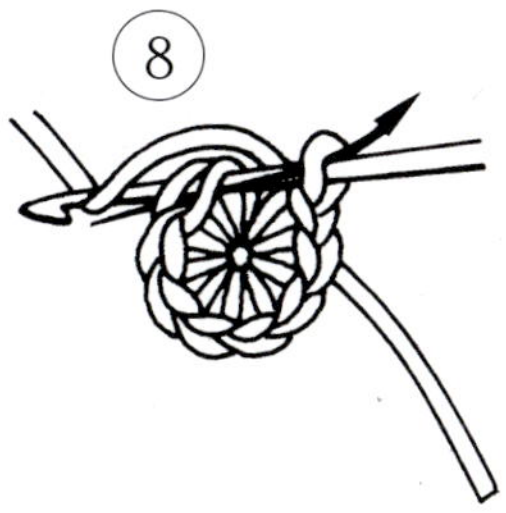
À la fin du tour, piquer le crochet dans la 1re maille serrée.

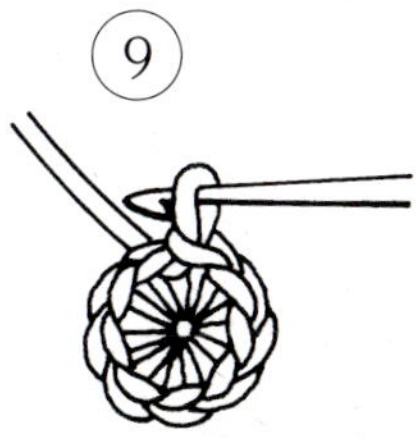
Le rond initial (8 mailles serrées) du motif est achevé.

COMMENCEMENT D'UN MOTIF EN ROND AVEC DES BRIDES

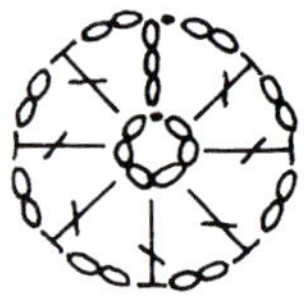

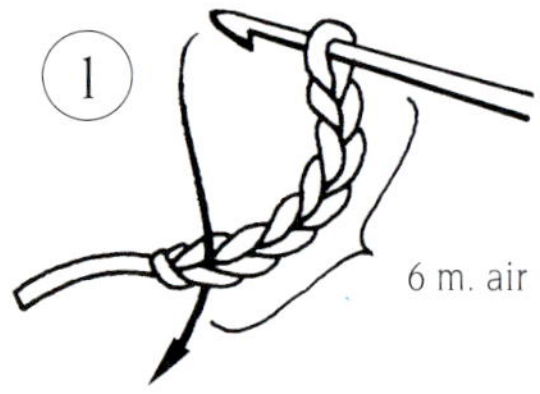

Crocheter un nombre de mailles air nécessaire, 6 mailles air par exemple, et piquer le crochet dans la 6e maille à partir du crochet.

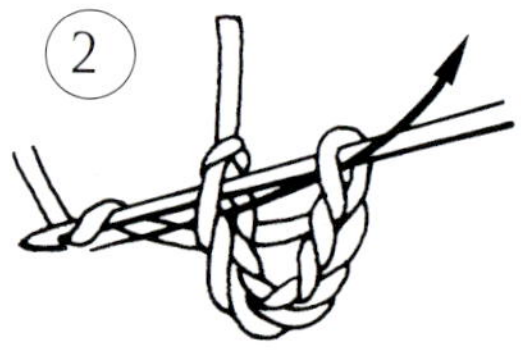

Faire 1 jeté sur le crochet, le ramener à travers les boucles du crochet.

L'ouvrage en rond est prêt à commencer.

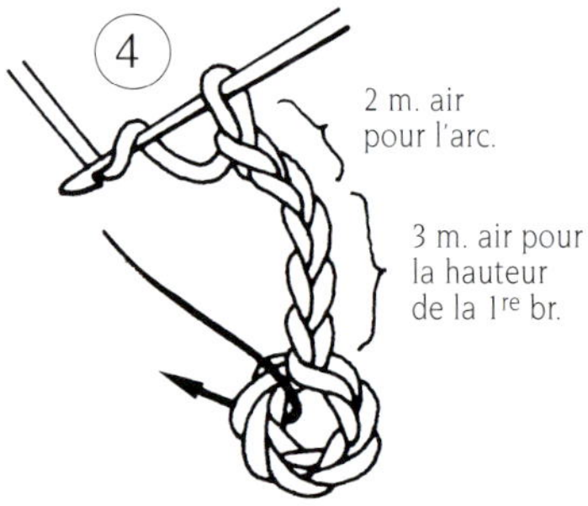

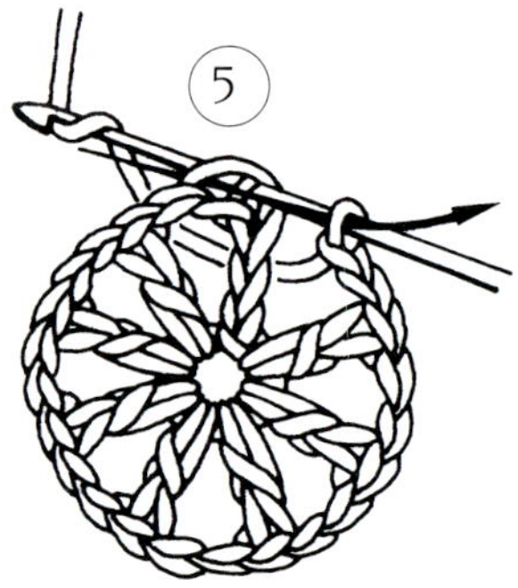

À la fin du tour, piquer le crochet dans la 3e des 3 mailles air qui remplacent la 1re bride.

Le 1er tour du rond initial est achevé.

CHAÎNETTE (maille air)

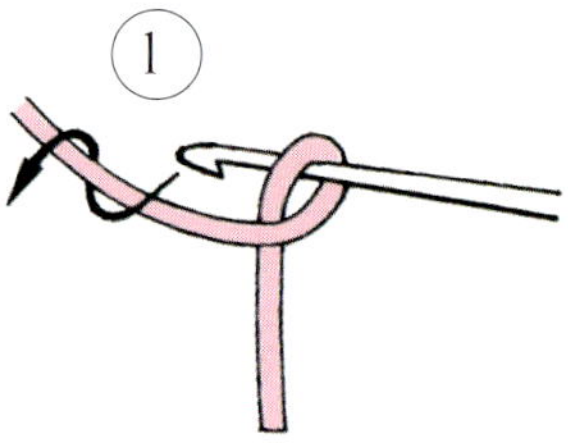

Mettre le crochet derrière le fil et tourner le crochet en suivant la flèche.

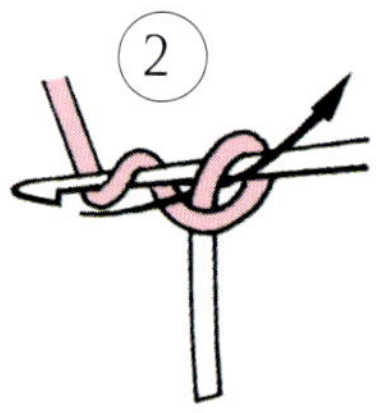

Faire un jeté sur le crochet et le ramener à travers la boucle.

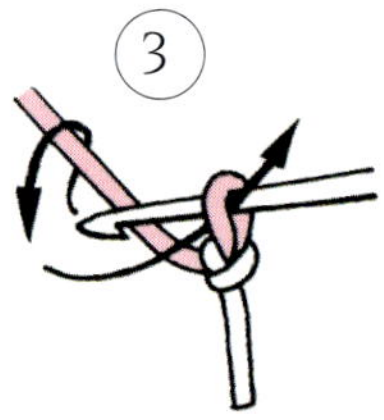

Faire un jeté sur le crochet, puis le ramener à travers la boucle de base pour faire la 1re maille en l'air.

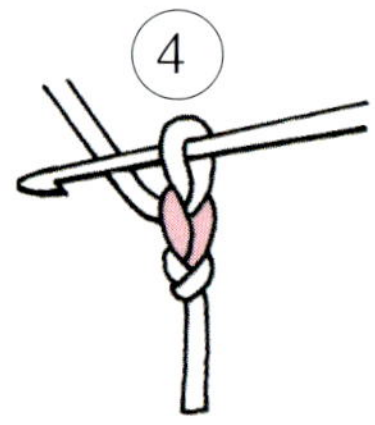

La 1re maille en l'air est réalisée.

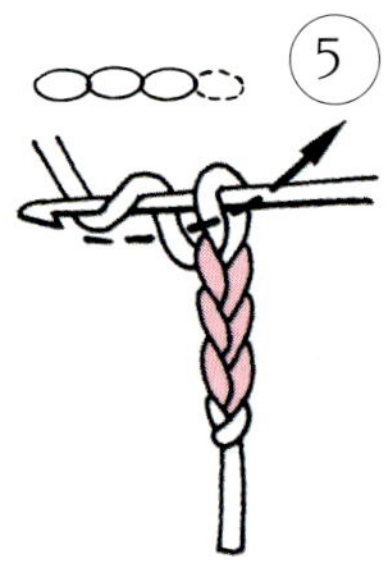

Avancer ainsi en répétant le même mouvement.

MAILLE SERRÉE (m.s.)

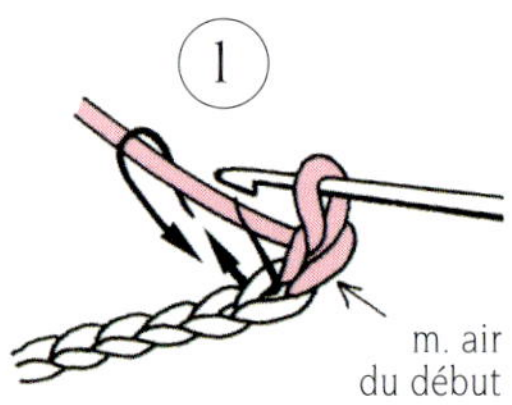

Faire 1 maille en l'air pour remplacer la hauteur de la 1re maille serrée. Piquer le crochet en prenant 1 brin de la maille suivante, faire 1 jeté sur le crochet et le ramener à travers la maille.

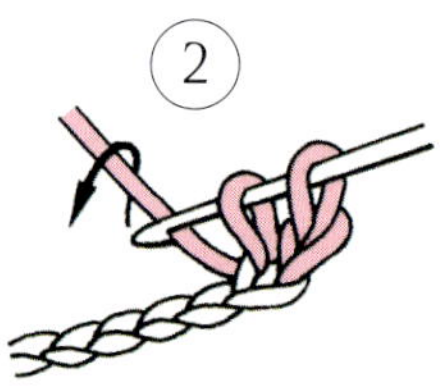

Faire un autre jeté sur le crochet en suivant la flèche.

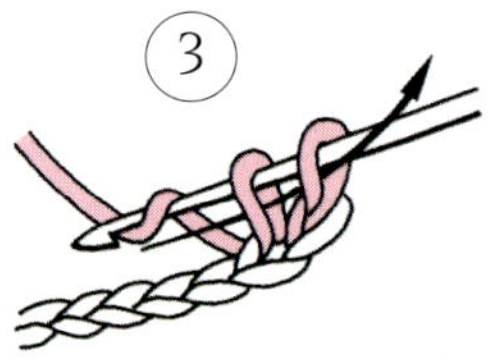

Ramener le jeté à travers les 2 mailles qui se trouvent sur le crochet.

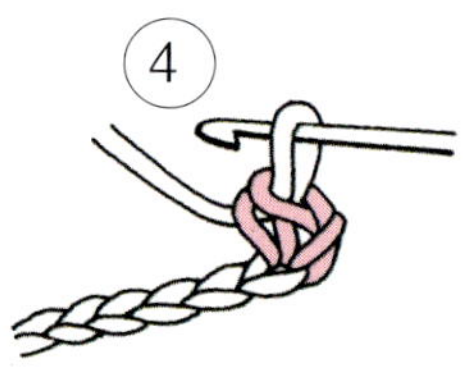

Une maille serrée est crochetée.

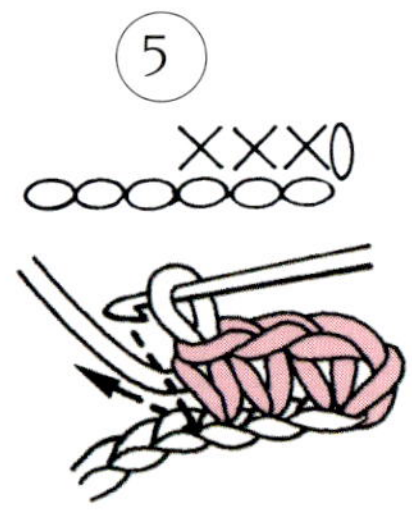

3 mailles serrées sont crochetées.

MAILLE COULÉE (m.c.)

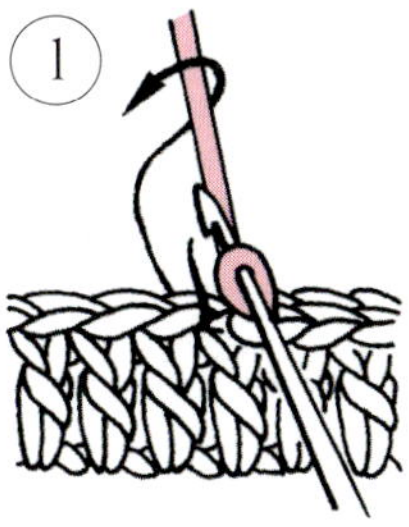

Piquer le crochet en prenant 2 brins de la maille et faire un jeté sur le crochet en suivant les flèches.

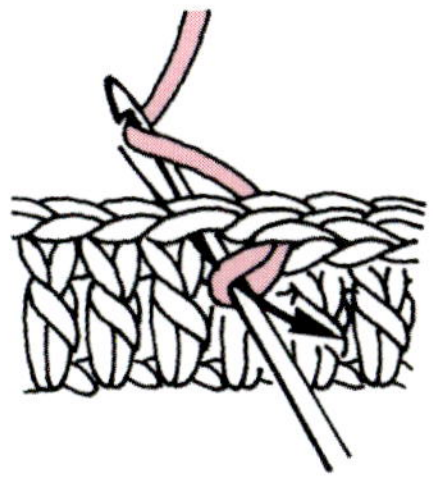

Ramener le jeté sur le crochet en suivant la flèche.

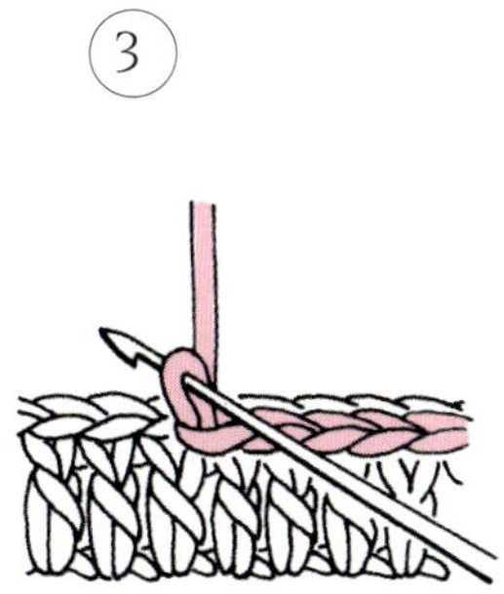

La maille coulée par dessus des brides: crocheter les mailles coulées comme précédemment.

DEMI-BRIDE (demi-br.)

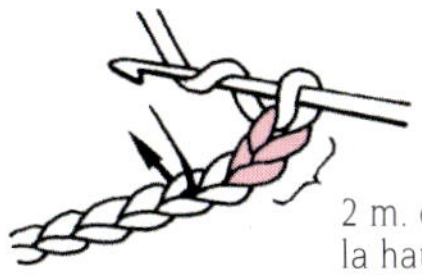

2 m. en l'air remplacent la hauteur de la 1re demi-br.

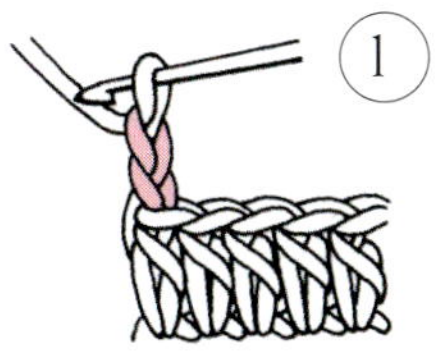

2 mailles en l'air remplacent la hauteur de la 1re demi-bride.

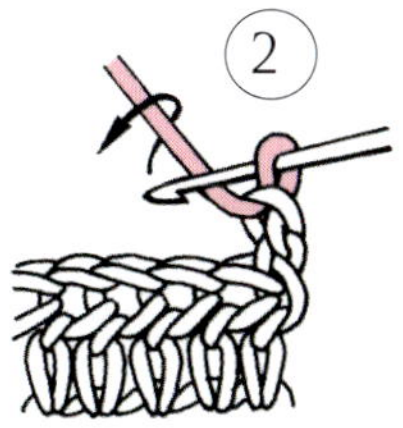

Retourner l'ouvrage et faire un jeté sur le crochet en suivant la flèche.

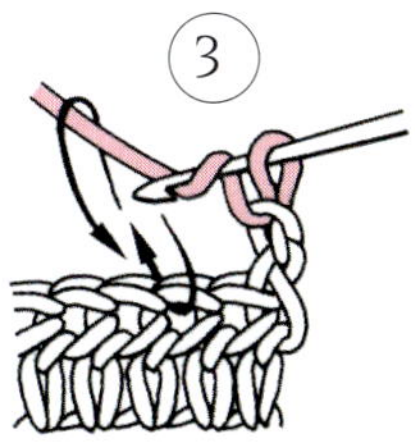

Piquer le crochet dans les 2 brins de la maille, faire un jeté sur le crochet et le ramener à travers la maille.

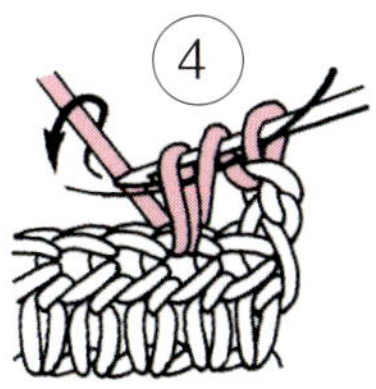

Faire un autre jeté sur le crochet et le ramener à travers toutes les boucles qui se trouvent sur le crochet.

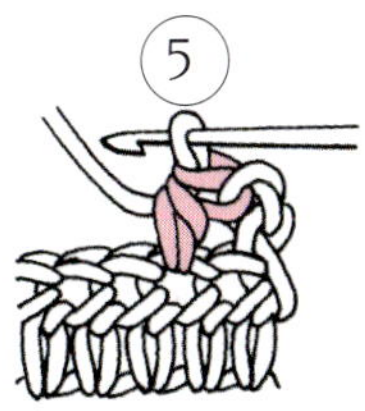

Les 2 demi-brides sont réalisées.

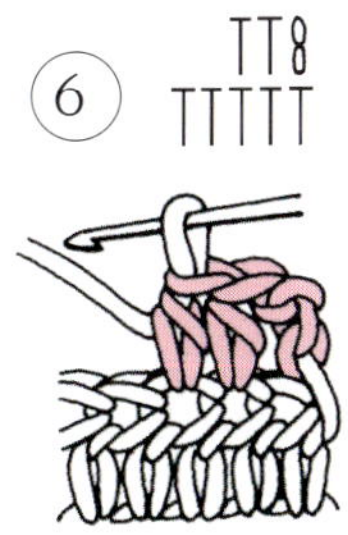

3 demi-brides sont crochetées.

BRIDE (br.)

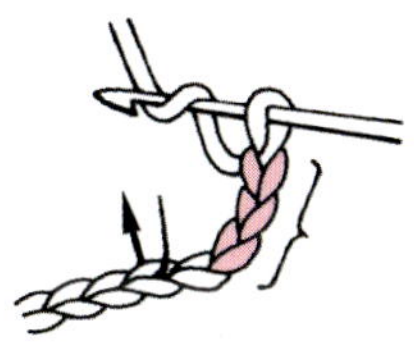

en l'air
cent la
ur de
la 1re br.

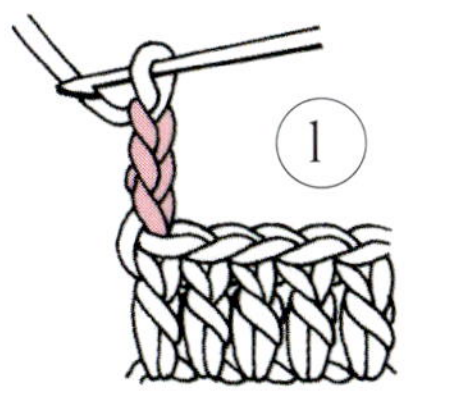

3 mailles en l'air remplacent la hauteur de la 1re bride.

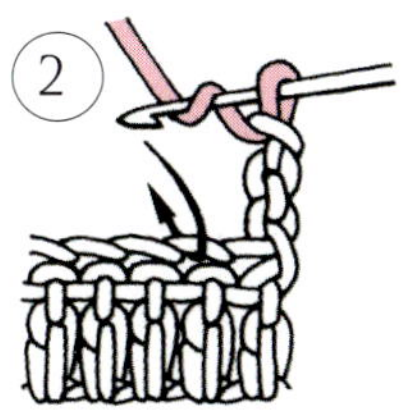

Retourner l'ouvrage, faire un jeté sur le crochet, piquer le crochet dans la maille en suivant la flèche, et le ramener à travers la maille.

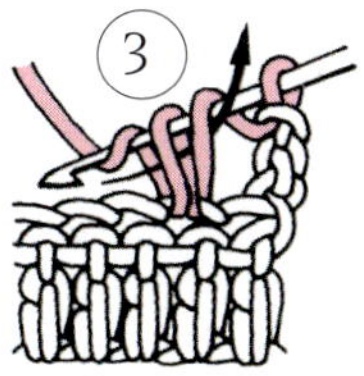

Faire un autre jeté sur le crochet et le ramener à travers les 2 boucles qui se trouvent sur le crochet.

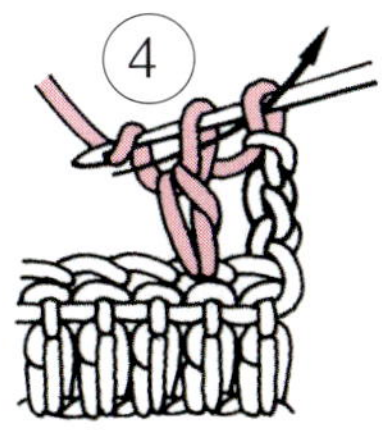

Faire un autre jeté sur le crochet et le ramener à travers les 2 boucles qui restent sur le crochet.

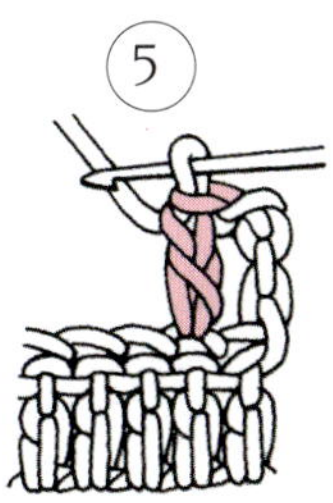

2 brides sont crochetées.

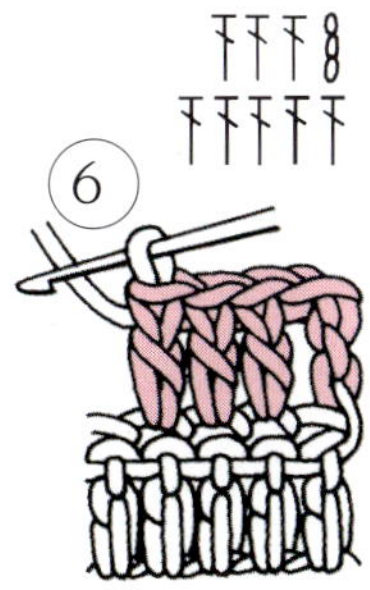

4 brides sont crochetées.

DOUBLE BRIDE (double br.)

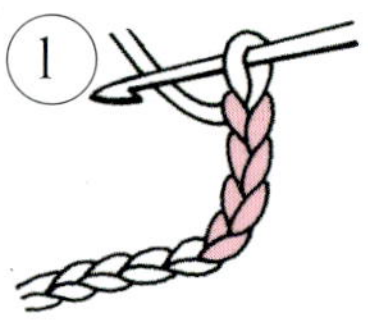

Crocheter 4 mailles air pour remplacer la hauteur de la 1re double bride, ajouter une maille air pour la base.

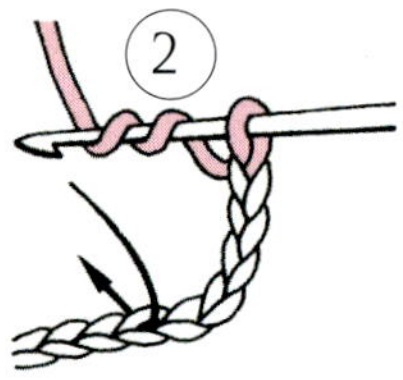

Faire 2 jetés sur le crochet, piquer le crochet dans la 6e maille à partir du crochet en prenant 1 brin de la maille, faire un jeté sur le crochet et le ramener à travers la maille.

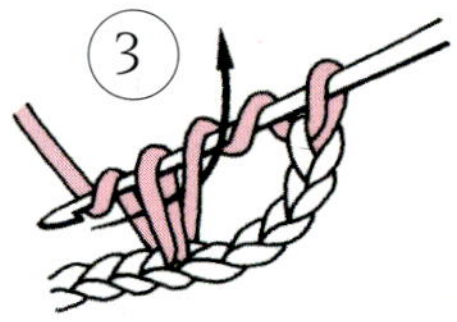

Faire un jeté sur le crochet et le ramener à travers les 2 premières boucles en suivant la flèche.

Faire un autre jeté sur le crochet et le ramener à travers les 2 boucles suivantes.

Faire un dernier jeté sur le crochet et le ramener à travers les dernières boucles se trouvant sur le crochet.

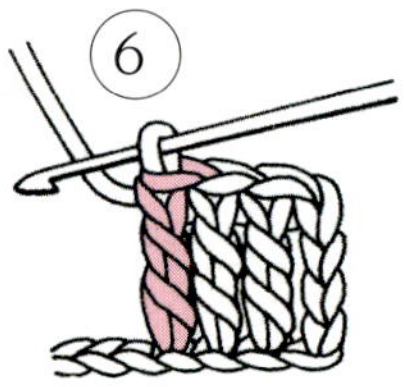

4 doubles brides sont crochetées.

TRIPLE BRIDE (triple br.)

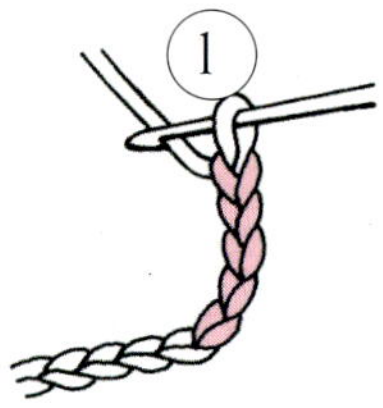

Crocheter 5 mailles air pour remplacer la hauteur de la 1re triple bride, ajouter 1 maille air pour la base.

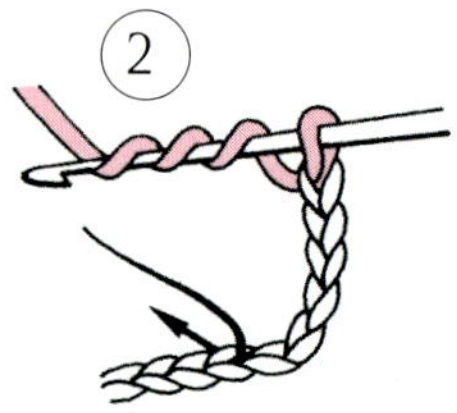

Faire 3 jetés sur le crochet, piquer le crochet dans la 7e maille à partir du crochet en prenant 1 brin de la maille, puis faire un jeté sur le crochet et le ramener à travers la maille.

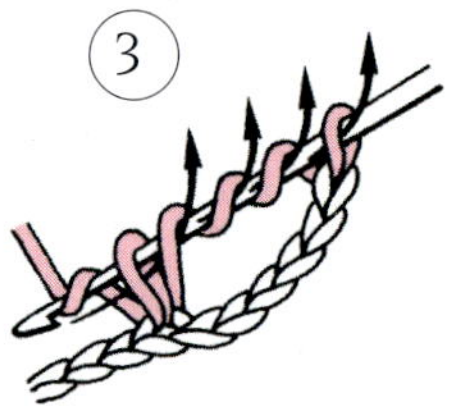

Réunir 2 par 2 les boucles se trouvant sur le crochet en faisant 1 jeté à chaque assemblage.

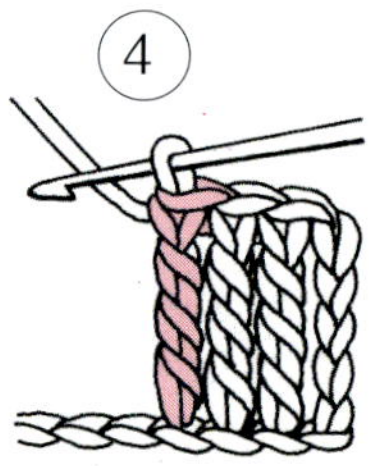

4 triples brides sont réalisées (les 5 mailles air remplacent la hauteur de la 1re triple bride).

BRIDE EN RELIEF AVANT

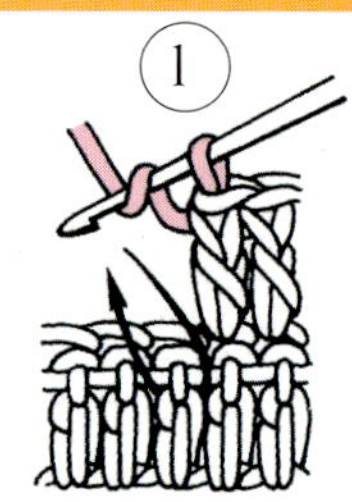

En suivant la flèche, piquer le crochet en prenant entièrement le pied de la bride du rang précédent en suivant la flèche.

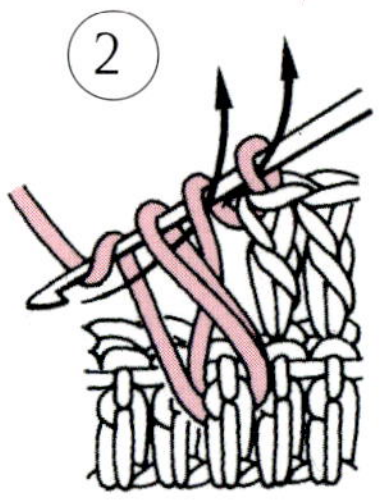

Faire 1 jeté sur le crochet, le ramener à travers la bride, faire un autre jeté sur le crochet, le ramener à travers les 2 premières boucles, puis faire un jeté pour réunir les 2 boucles restantes.

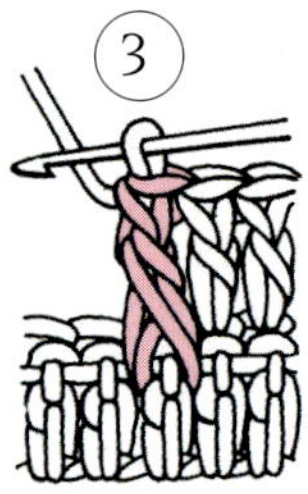

1 bride en relief relevée devant est achevée.

BRIDE EN RELIEF ARRIÈRE

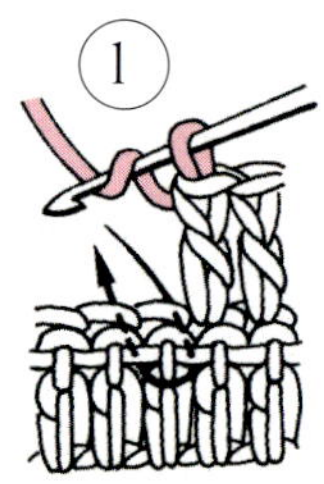

En suivant la flèche, piquer le crochet par l'arrière en prenant entièrement le pied de la bride, faire un autre jeté sur le crochet, le ramener à travers la bride.

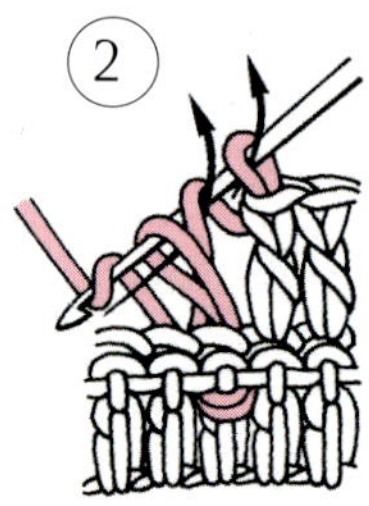

Réunir 2 par 2 les boucles se trouvant sur le crochet, en faisant un jeté à chaque assemblage.

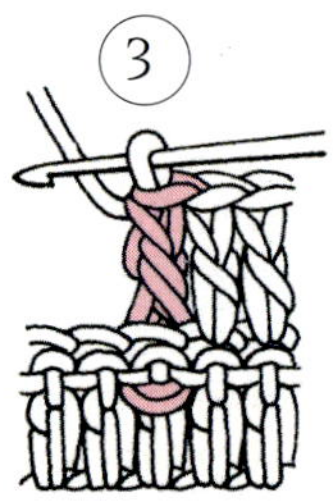

1 bride en relief relevée derrière est achevée.

Attacher le fil

Couper le fil

Piquer dans la maille indiquée par ce symbole

2 MAILLES SERRÉES DANS LA MÊME MAILLE

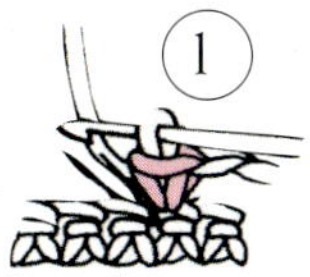

Crocheter 1 maille serrée dans la maille serrée du rang précédent, piquer le crochet dans la même maille en suivant la flèche et ramener une boucle.

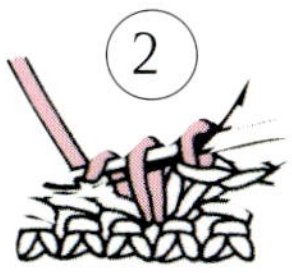

Faire 1 jeté sur le crochet et le ramener à travers les 2 boucles sur le crochet.

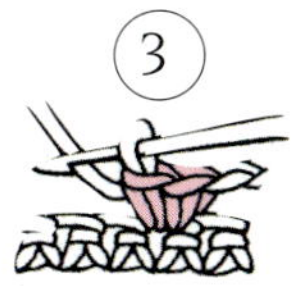

2 mailles serrées sont réalisées.

2 MAILLES SERRÉES ÉCOULÉES ENSEMBLE

Crocheter respectivement 1 maille serrée incomplète dans les 2 mailles du rang précédent.

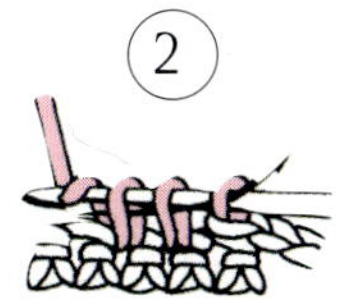

Faire 1 jeté sur le crochet, le ramener à travers les 3 boucles qui se trouvent sur le crochet.

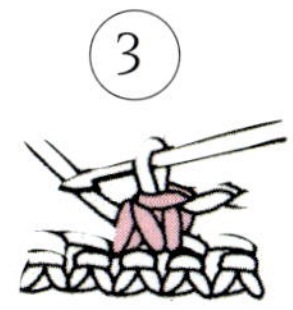

2 mailles serrées sont fermées en une seule fois.

2 BRIDES ÉCOULÉES ENSEMBLE

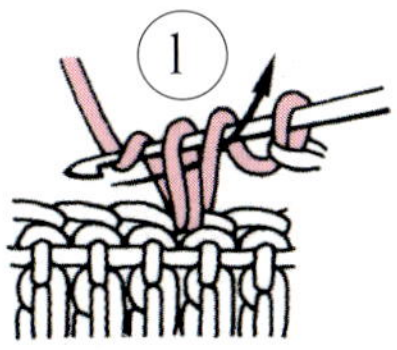

Crocheter la 1re bride incomplète: ramener le jeté sur le crochet à travers les 2 premières boucles sur le crochet.

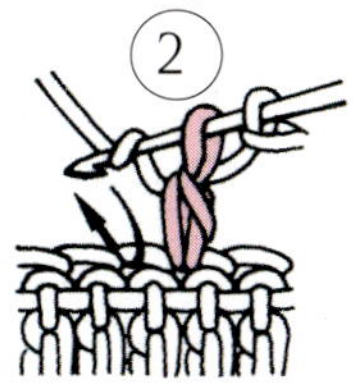

Faire un autre jeté sur le crochet et piquer le crochet dans la maille suivante du rang précédent pour faire la 2e bride incomplète.

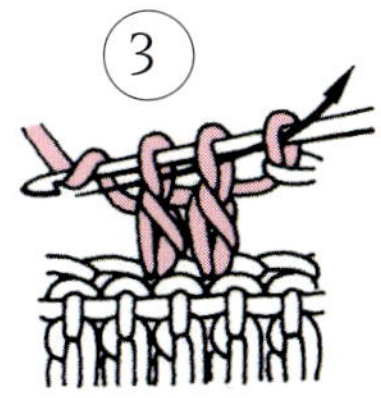

2 brides incomplètes sont achevées. Ramener le jeté à travers les 3 boucles qui se trouvent sur le crochet.

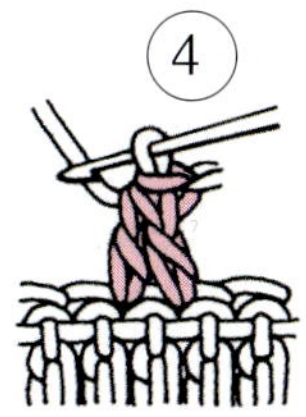

2 brides écoulées ensemble sont achevées.

3 BRIDES ÉCOULÉES ENSEMBLE

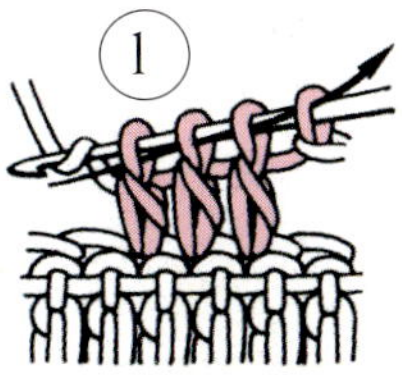

Crocheter 3 brides incomplètes dans les 3 mailles du rang précédent. Faire 1 jeté sur le crochet et le ramener à travers les 4 boucles qui se trouvent sur le crochet.

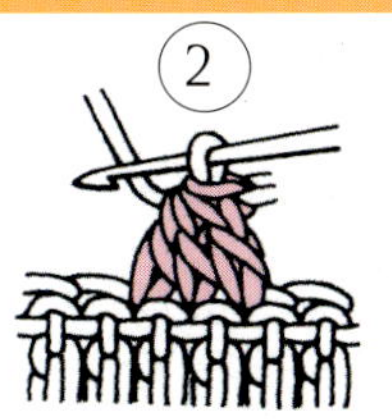

3 brides écoulées ensemble sont réalisées.

2 BRIDES DANS LA MÊME MAILLE

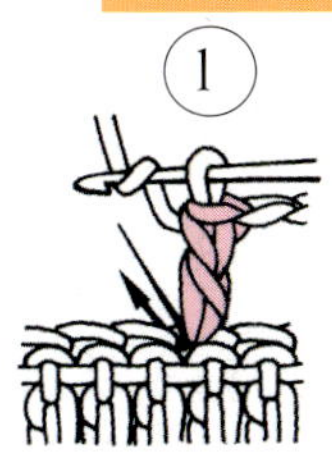

Crocheter 1 bride dans une maille, faire 1 jeté sur le crochet et le piquer dans la même maille en suivant la flèche pour crocheter une autre bride.

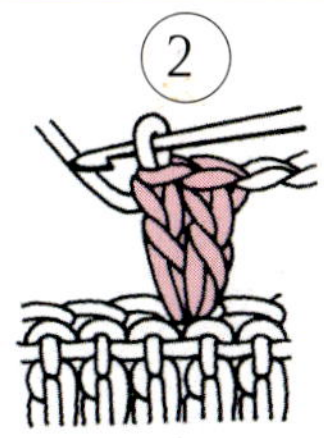

2 brides sont crochetées dans 1 maille, l'augmentation de 1 bride est réalisée.

PICOT DE 3 MAILLES EN L'AIR FERMÉ PAR 1 MAILLE COULÉE

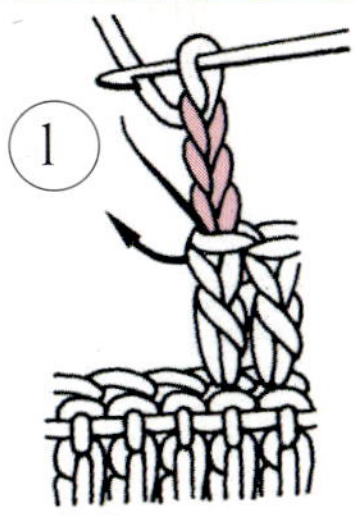

Crocheter 3 mailles en l'air, et piquer le crochet dans la tête de la bride précédente en prenant les 2 brins de la maille.

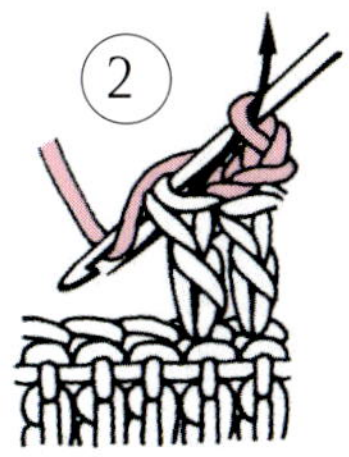

Faire 1 jeté sur le crochet et le ramener à travers toutes les boucles se trouvant sur le crochet.

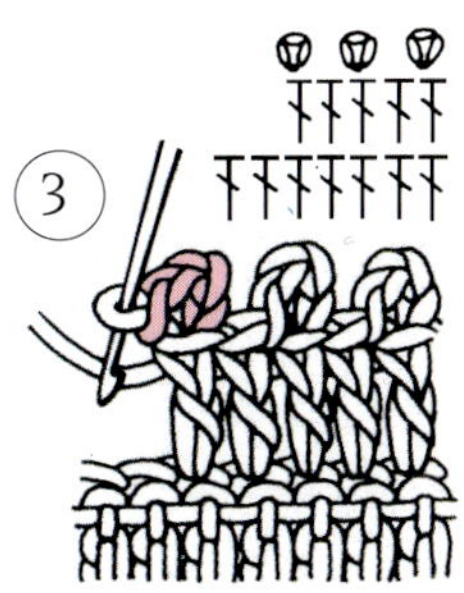

3 picots de 3 mailles air séparés par 1 bride sont crochetés.

PICOT DE 3 MAILLES EN L'AIR AVEC ARCEAU

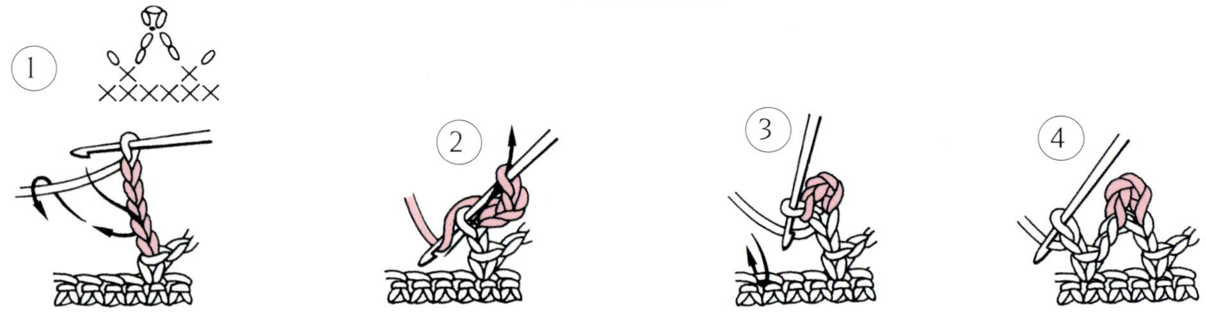

1. Crocheter 5 mailles en l'air, piquer le crochet dans la 4e maille en l'air à partir du crochet en suivant la flèche.

2. Faire 1 jeté sur le crochet et le ramener à travers les 2 boucles du crochet.

3. Un picot de 3 mailles en l'air fermé par 1 maille coulée est achevé. Crocheter 2 mailles en l'air, piquer le crochet dans la maille en suivant la flèche.

4. Faire 1 maille serrée. Un picot de 3 mailles en l'air avec arceau est réalisé.

POINT "Y"

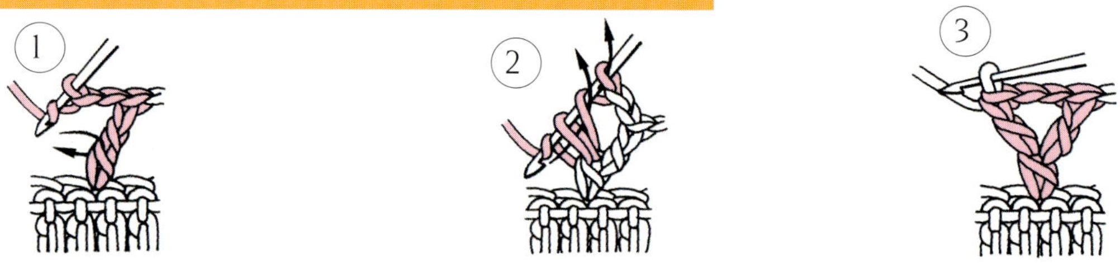

1. Faire 1 jeté sur le crochet et piquer le crochet dans le premier jeté de la double bride en prenant 2 brins pour ramener une boucle.

2. Faire un autre jeté sur le crochet, le ramener à travers les 2 premières boucles puis écouler les 2 boucles restantes en une fois.

3. Un point "Y" est réalisé.

POINT "Y" INVERSÉ

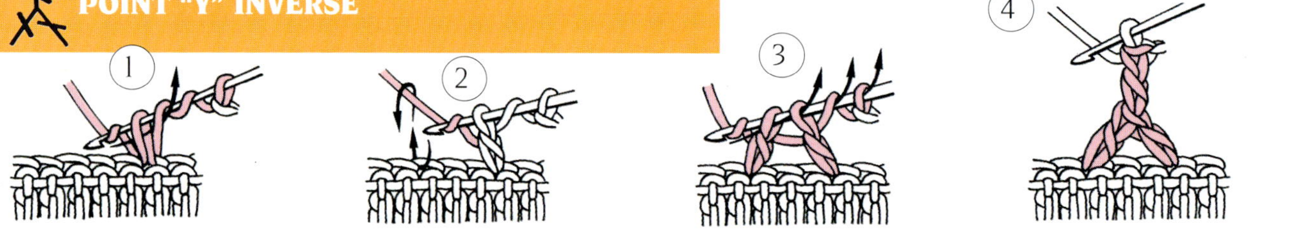

1. Faire 2 jetés sur le crochet. Piquer le crochet dans la maille et ramener 1 boucle en faisant un jeté. Faire un autre jeté et le ramener à travers les 2 premières boucles du crochet. Une bride incomplète est réalisée.

2. Faire un autre jeté sur le crochet et le piquer dans la 3e maille suivante pour crocheter une autre bride incomplète.

3. Rép. 3 fois: *1 jeté, écouler 2 boucles*.

4. Un point "Y" inversé est réalisé.

POINT D'ÉCREVISSE

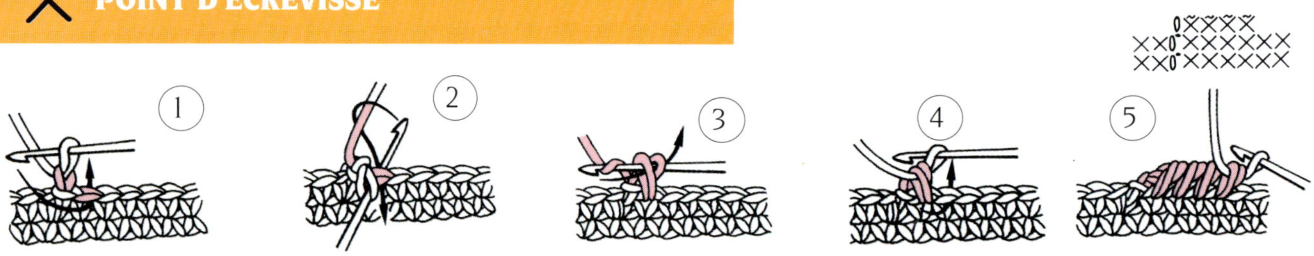

1. Crocheter de gauche à droite. Piquer le crochet dans la maille comme l'indique la flèche.

2. Passer le crochet par dessus le fil et le ramener à travers la maille.

3. Faire 1 jeté sur le crochet, le ramener à travers les 2 boucles qui se trouvent sur le crochet.

4. Piquer le crochet dans la maille suivante et répéter le travail de 1 à 3.

5. Le point d'écrevisse est souvent utilisé sur le dernier rang de bordure.

POINT SOUFFLÉ DE 3 DEMI-BRIDES

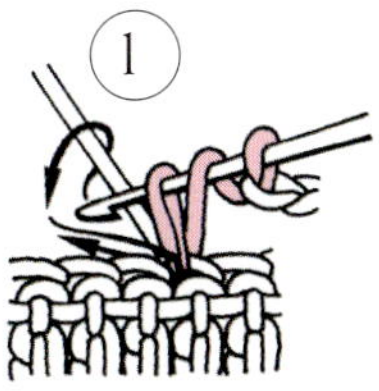

Crocheter la 2e demi-bride incomplète en suivant la flèche.

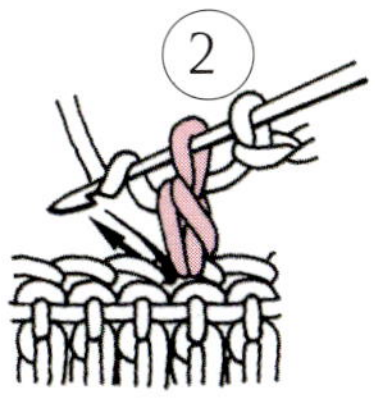

3 demi-brides incomplètes sont crochetées, faire 1 jeté et le ramener à travers toutes les boucles du crochet.

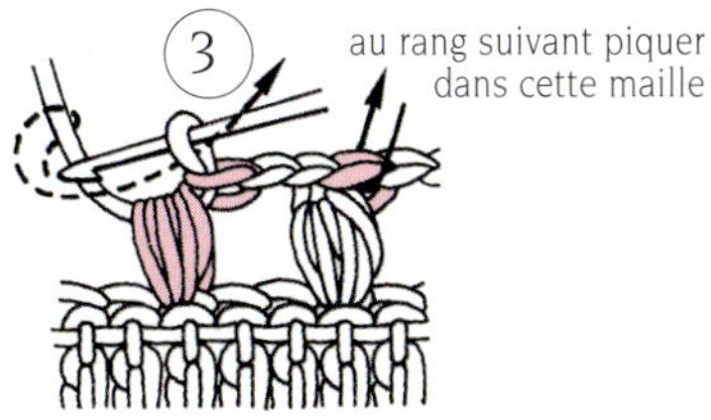

Resserrer le point soufflé de 3 demi-brides par 1 maille coulée.

POINT SOUFFLÉ DE 3 BRIDES

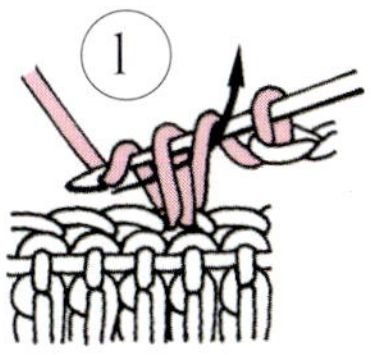

Ramener le jeté à travers les 2 premières boucles pour faire une bride incomplète.

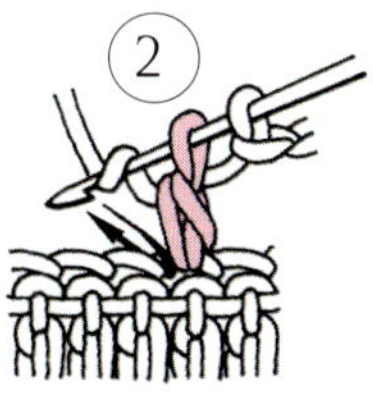

Crocheter une 2e bride incomplète dans la même maille du rang précédent où la 1re bride incomplète a été crochetée.

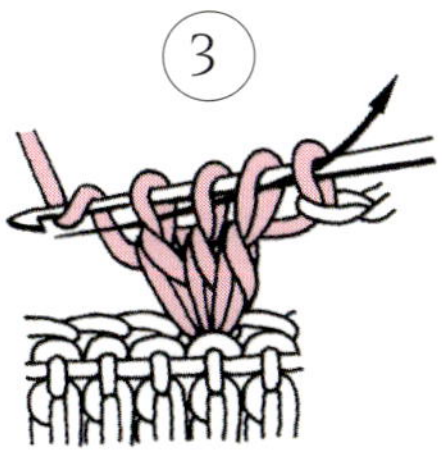

Après avoir crocheté 3 brides incomplètes, faire un jeté et le ramener à travers les 4 boucles qui se trouvent sur le crochet.

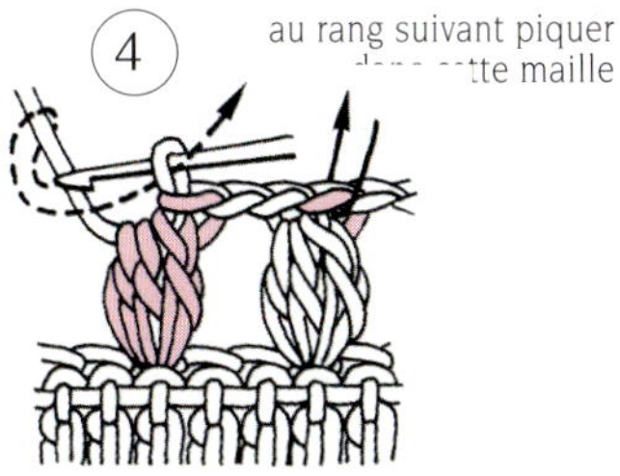

Resserrer le point soufflé de 3 brides par 1 maille coulée.

POINT POPCORN DE 4 BRIDES

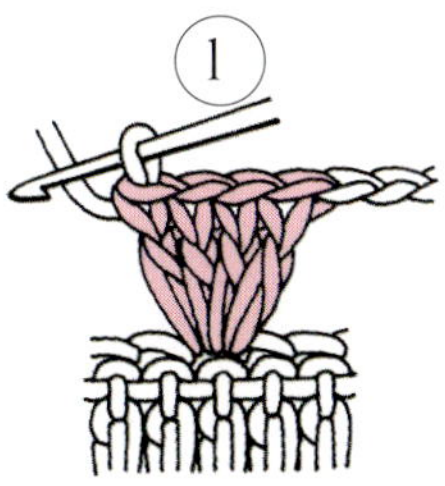

Crocheter 4 brides dans une maille du rang précédent.

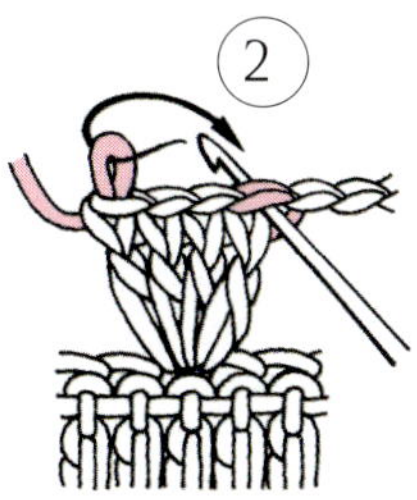

Enlever le crochet et le repiquer dans la 1re bride et dans la dernière boucle de la bride.

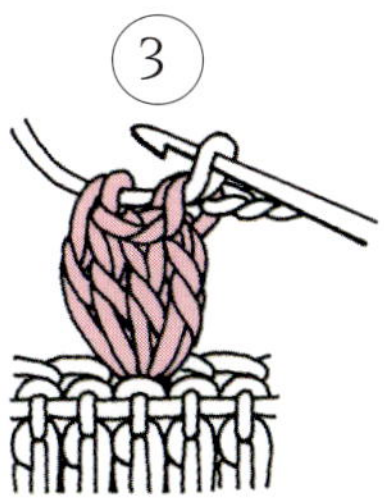

Ramener la dernière boucle à travers la 1re bride.

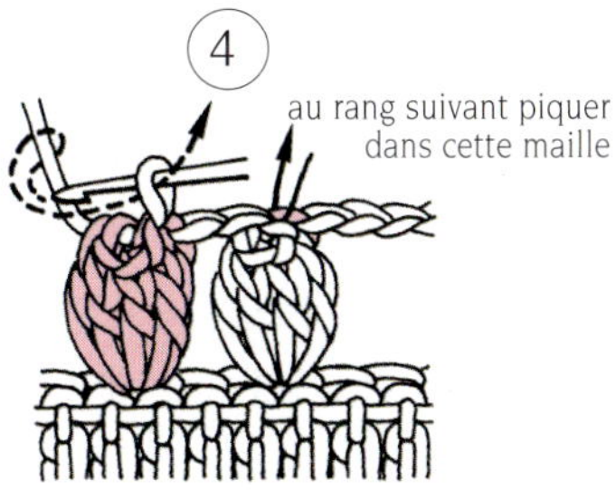

Resserrer le point popcorn de 4 brides par 1 maille coulée.

SUCRE D'ORGE

SUCRE D'ORGE

Devant

FOURNITURES: 1 pelote de fil Senso de DMC, Coton mercerisé, Art. 700 dans les col. suivants: Vert anis 1009, Rose fuchsia 1008, Orange goyave 1004, Bleu Delft 1010 et Rouge cerise 1006; 1 pelote de fil Senso de DMC, qual. Microfibres, Art. 710 Bleu lagon 1109; 1 pelote de fil Senso de DMC, qual. Lin, Art. 720 col. Naturel 1201; crochet métallique n° 3,00; 70 cm de ruban paillettes; 1 embrasse de rideau beige; 40 cm de toile de jute pour la doublure.
DIMENSIONS: 35 x 28 cm (largueur soufflet 6 cm).
ÉCHANTILLON: côté: 28 x 6 cm.

RÉALISATION: **1er rang** (en col. orange): commencer sur une chaîn. de base de 79 m. air, 1 m. air, 79 m.s. en relief (voir l'explication du symbole correspondant). Tourner le trav. **2e rang** (en col. vert): 1 m. air, 79 m.s. en relief. Tourner le trav. **3e rang** (en col. lin naturel): 1 m. air, 79 m.s. en relief. Tourner le trav. **4e-69e rang:** cont. le trav. en faisant varier rg de m.s., rg de br. ou **point de perle**, de même que les col. selon les indications du schéma et les symboles qui l'accompagnent. Couper le fil à la fin du 69e rg. **Côté** (en col. rouge): **1er-24e rang:** commencer sur une chaîn. de base de 10 m. air, 3 m. air pour remplacer la 1re br., 9 br. en relief (voir explication symbole correspondant). Tourner le trav. Couper le fil à la fin du 24e rg. Réaliser un second côté identique.

FINITIONS: assembler les différents éléments par 1 rg de m.s en col. rouge.
Avec la toile de jute, réaliser une doublure et coudre le sac à points cachés.
Coudre l'embrasse.

Dos

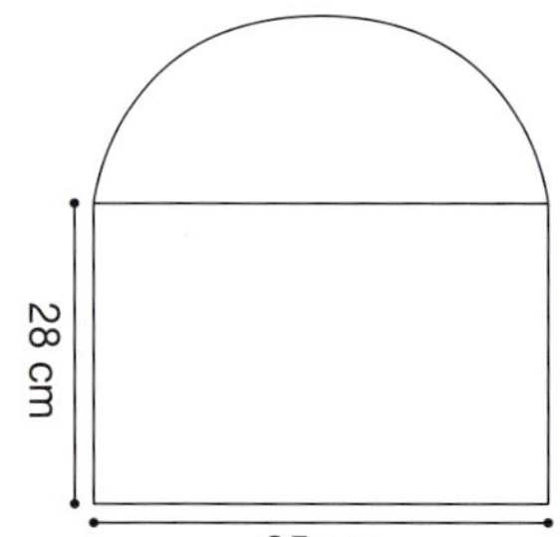

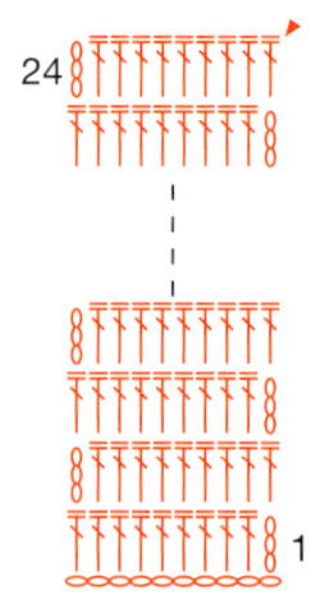

côté
chaîn. de base = 10 m. air
(en col. rouge)

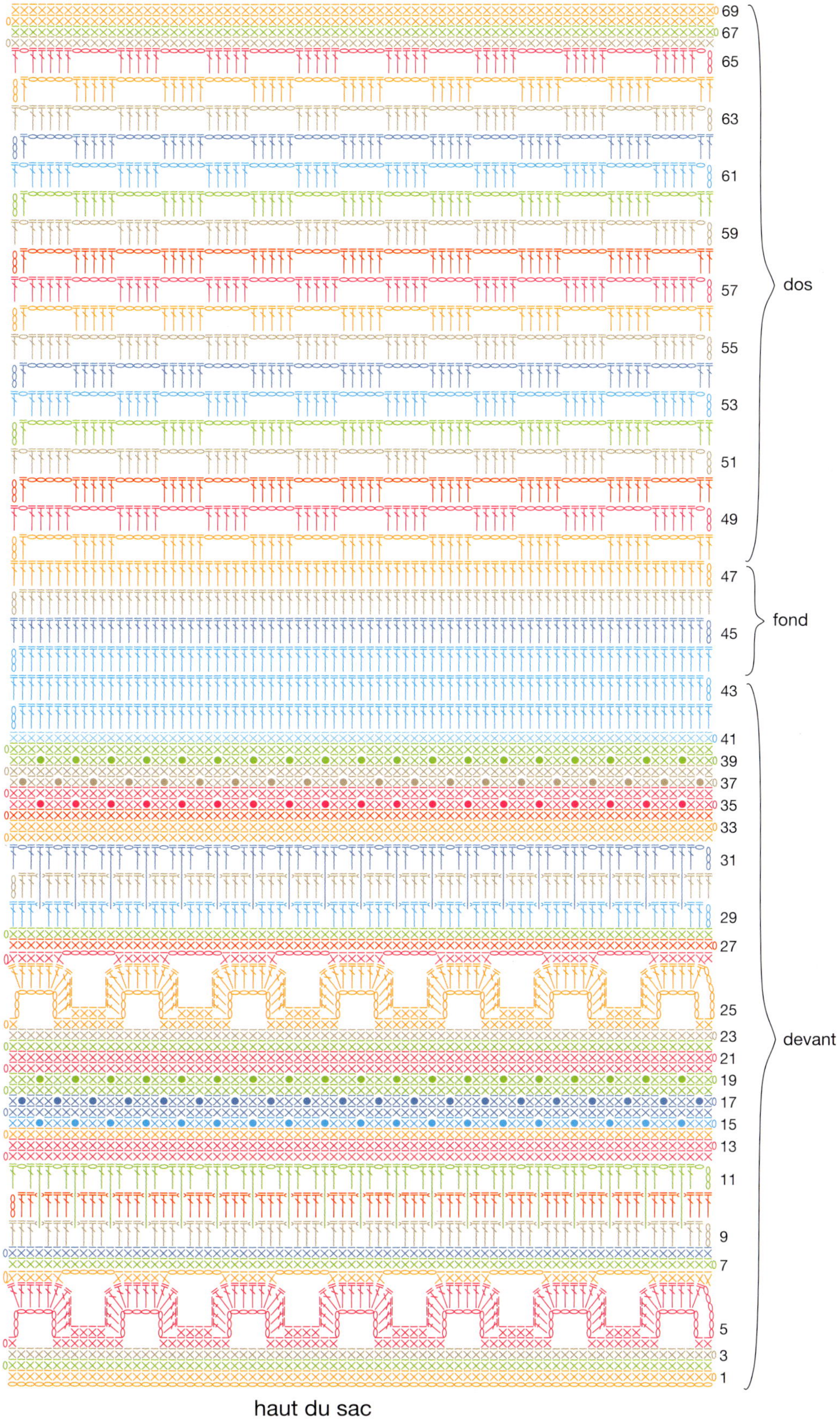

- col. orange
- col. vert anis
- col. lin naturel
- col. fuchsia
- col. bleu delft
- col. bleu lagon
- col. rouge cerise

br. en relief: crocheter la br. en ne prenant que le brin arrière de la m. du rg préc.

m.s. en relief: crocheter la m.s. en ne prenant que le brin arrière de la m. du rg préc.

point perle: dans 1 même m., rép. 3 fs *1 jeté, piquer le crochet en ramener 1 boucle*. 1 jeté et écouler toutes les boucles en même temps

ACIDULÉ

FOURNITURES: fil Senso de DMC, qual. Coton mercerisé, Art. 700 dans les col. suivants: 1 pelote Rose fuchsia 1008 et 2 pelotes Orange goyave 1004; crochet métallique n° 6,00; un peu de carton fort.
DIMENSIONS: 35 x 75 cm.
ÉCHANTILLON: 1er-5e t.: 4 x 6 cm.

RÉALISATION: (se crochète avec le fil pris en double): **1er tour** (en col. orange): commencer sur une chaîn. de base de 8 m. air, 1 m. air, 8 **m.s. en relief** (voir l'explication du symbole correspondant), 1 m. air pour passer de l'autre côté de la chaîn., revenir par 8 m.s. en relief, 1 m. air et fermer le t. par 1 m.c. piquée dans la m. air du début. **2e-22e tour:** 1 m. air, 1 m.s. en relief piquée dans chaque m.s. du t. précéd. et dans chaque m. air du t. précéd. crocheter 1 m.s. en relief, 1 m. air et 1 m.s. en relief (voir schéma). Fermer le t. par 1 m.c. piquée dans la m. air du début de t. **23e-28e tour:** 1 m. air, 104 m.s. en relief, fermer le t. par 1 m.c. piquée dans la m. air du début. **29e-42e tour:** cont. le trav. selon les indications du schéma. Crocheter **les tours 29 à 32**, puis les tours **34 et 35**, et enfin les tours **37 à 40** en col. rose. Couper le fil à la fin du 42e t. **Anse: 1er rang** (en col. orange): rattacher le fil au niveau de la flèche orange, 1 m. air, 24 m.s. en relief. Tourner le trav. **2e-16e rang:** cont. en m.s. en relief, en diminuant de 1 m. à chaque fin de rg. À la fin du 16e rg, on a 8 m. **17e-18e rang** (en col. orange): 1 m. air, 8 m.s. en relief. Tourner le trav. **19e-38e rang** (en col. rose): 1 m. air, 8 m.s. en relief. Tourner le trav. **39e-82e rang** (en col. orange): cont. le trav. selon les indications du schéma. À la fin du **82e rang** assembler aux 24 m.s. indiquées par 1 étoile noire par 1 rg de m.c. Couper le fil.

FINITIONS: dans du carton fort, découper 1 carré de 10 cm. Avec le fil rose, entourer 50 fois le carton.
Passer un morceau de fil sous l'un des 2 bords du carton et faire un nœud.
Couper l'autre extrémité des fils.
Enrouler 15 fois un fil autour de la tête du gland.
Egaliser le gland et fixer ce dernier en bas du sac.

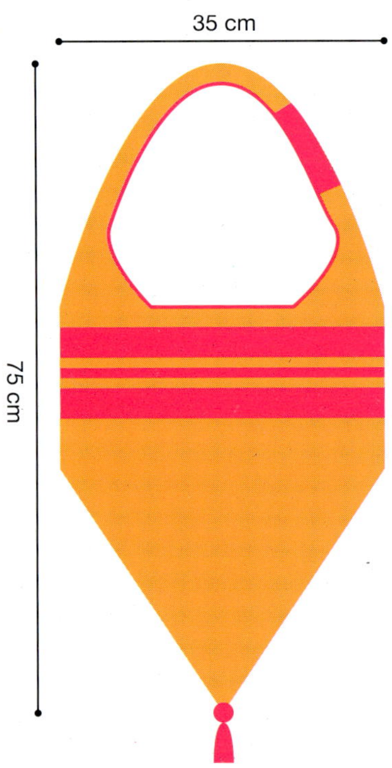

assembler au reste du sac par 1 rg de m.c. (sur les 24 m. précisées par 1 étoile noire)

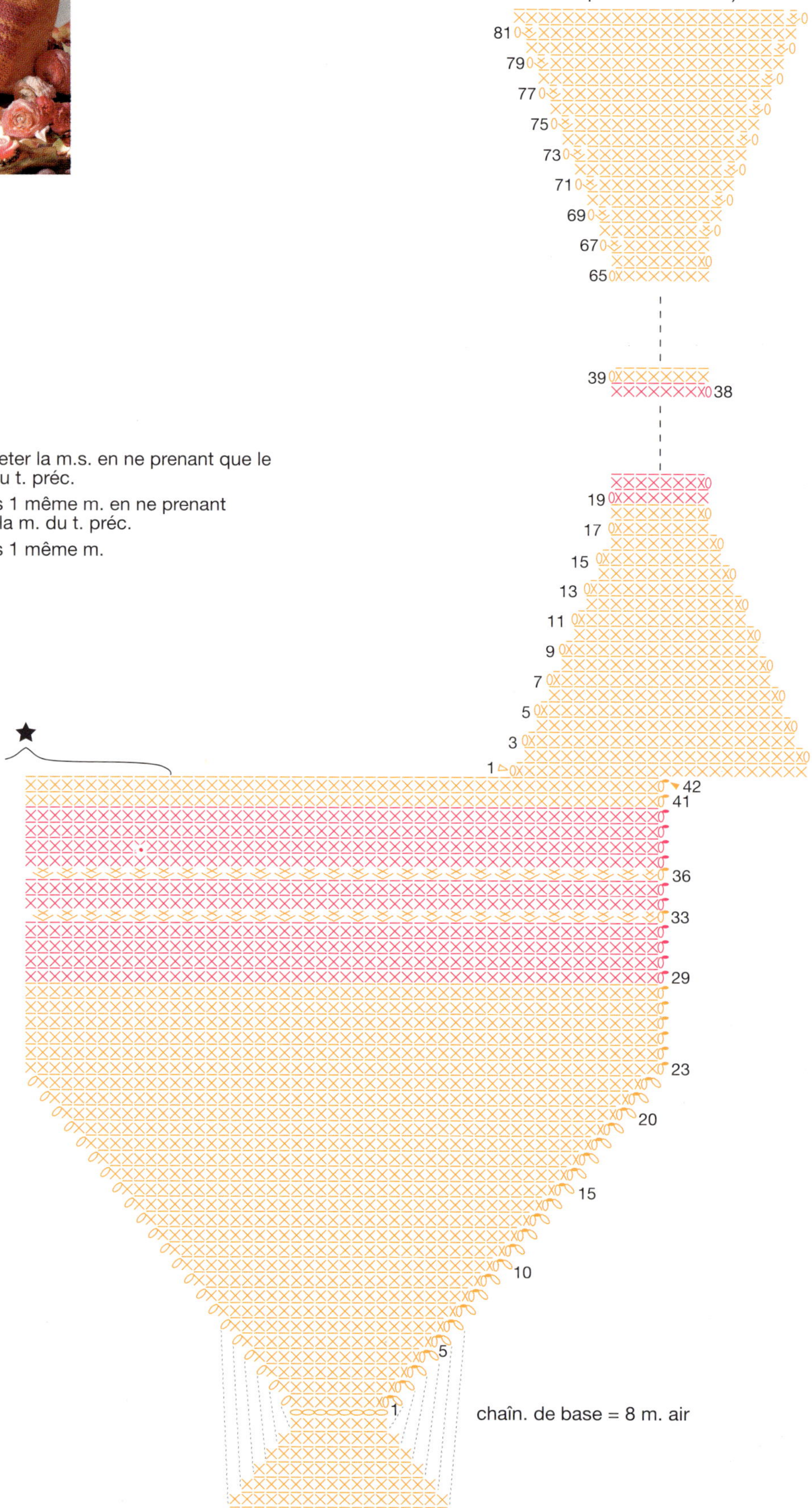

- **m.s. en relief :** crocheter la m.s. en ne prenant que le brin arrière de la m. du t. préc.
- crocheter 2 m.s. dans 1 même m. en ne prenant que le brin arrière de la m. du t. préc.
- crocheter 2 m.s. dans 1 même m.

BAHAMAS

BAHAMAS

FOURNITURES: 8 pel. de fil Senso de DMC, qual. Coton mercerisé, Art. 700, Noir 1012; crochet métallique n° 3,00; 18 perles rondes en bois de 0,3 cm de diamètre; 1 perle oblongue en bois pour la fermeture; 4 anneaux en plastique de 4 cm de diamètre pour les anses; 1 carton fort de 16 x 26 cm; suffisamment de tissu noir pour les doublures.
DIMENSIONS: voir dessin.
ÉCHANTILLON: 17 br. x 9 rgs = 10 x 10 cm.

RÉALISATION: (se crochète avec le fil pris en double): **1er-26e rang:** commencer sur une chaîn. de base de 34 m. air, 3 m. air pour remplacer la 1re br., 33 br. Tourner le trav. **27e tour:** 3 m. air pour remplacer la 1re br., répartir 175 br. tout autour du rectangle, fermer le t. par 1 m.c. piquée dans la 3e des 3 m. air qui remplacent la 1re br. **28e tour:** 3 m. air pour remplacer la 1re br., répartir 175 br., fermer le t. par 1 m.c. piquée dans la 3e des 3 m. air qui remplacent la 1re br. **29e tour:** avancer en m.c. jusqu'à la m. indiquée sur le schéma, 3 m. air pour remplacer la 1re br., puis rép. 44 fs ***4 brides croisées** (voir l'explication du symbole correspondant)*, fermer le t. par 1 m.c. piquée dans la 3e des 3 m. air qui remplacent la 1re br. **30e-41e tour:** reprendre les **t. 27 à 29.** Couper le fil. **Bordure** (en gras sur le schéma): **1er tour:** commencer par glisser les 18 perles en bois, puis rattacher le fil au niveau de la flèche blanche, 1 m. air, 40 m. air, puis faire un pli sur 10 m.s. comme suit: plier en deux 22 m. du sac, et crocheter 1 m.s. en piquant à la fois dans la 1re et la 22e m. du sac, puis crocheter 1 m.s. en piquant à la fois dans la 2e et la 21e m. du sac, etc., (m.s. représentées en rouge sur le schéma), 4 m.s., faire 1 autre pli, 40 m.s., 1 pli, 4 m.s., 1 pli et fermer le t. par 1 m.c. piquée dans la m. air du début. On obtient 132 m.s. **2e-8e tour:** 1 m. air, 132 m.s., fermer le t. par 1 m.c. piquée dans la m. air du début. **9e-26e rang:** glisser 1 perle au début de rg, et cont. le trav. en m.s. en diminuant de 1 m. en début et fin de chaque rg. Tourner le trav. **27e rang:** 10 m. air, 1 m.c. piquée dans la 1re m.s. du rg précéd. Tourner le trav. **28e rang:** 1 m. air, 10 m.s. piquées dans l'arc., 1 m.c. piquée dans la 1re m.s. du rg préc. Couper le fil. **Anse: 1er tour:** rattacher le fil sur un anneau, 1 m. air, 45 m.s., fermer le t. par 1 m.c. piquée dans la m. air du début. **2e-51e rang:** 1 m. air, 8 m.s. Tourner le trav. Couper le fil. Reprendre ces **51 rgs** sur un autre anneau et l'assembler au 1er par 1 rg de m.c. piquées sur l'envers. Couper le fil. Procéder de la même manière pour réaliser une seconde anse.

FINITIONS: coudre les anses et le bouton à points cachés. Coudre la doublure. Coudre de la doublure sur le carton fort et glisser le tout au fond du sac.

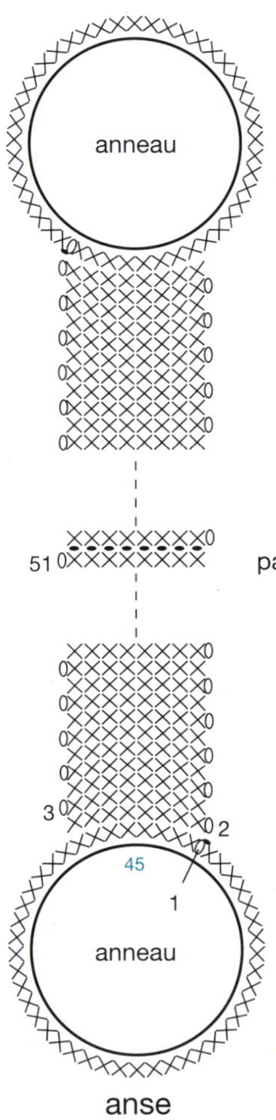

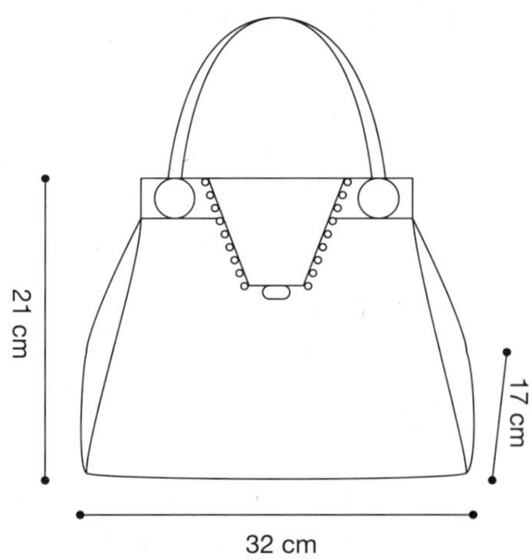

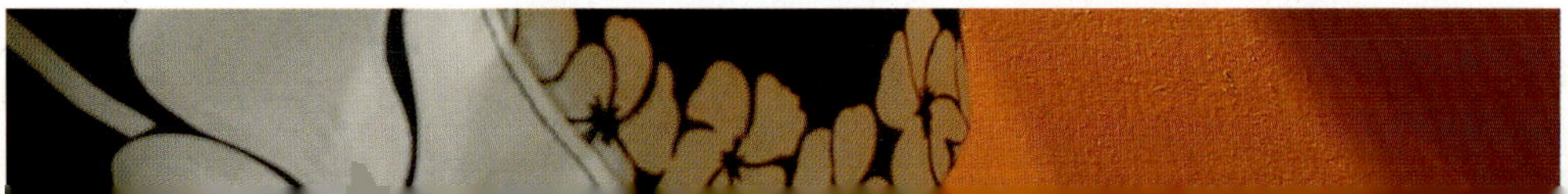

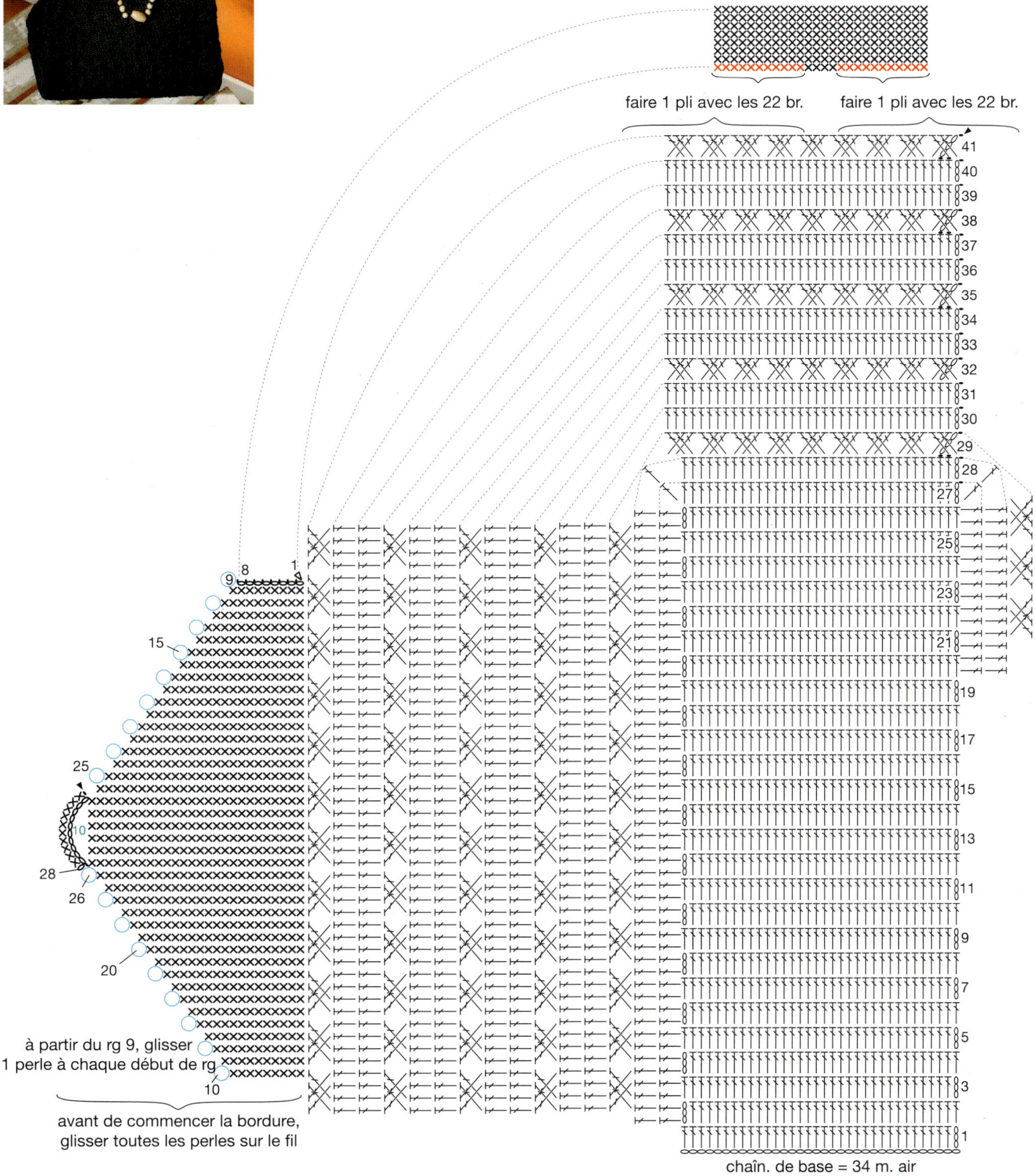

4 br. croisées: passer 2 m. du t. préc., faire 2 br. puis crocheter les 2 br. suivantes en piquant respectivement dans la 1re et 2e m. du t. préc.

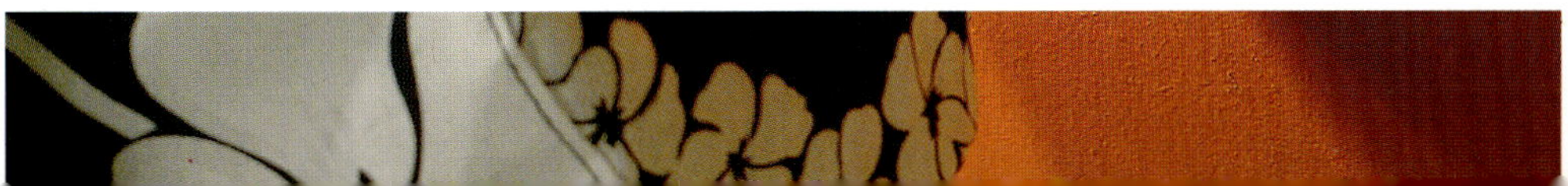

BAMBOU

FOURNITURES: fil Senso Coton mercerisé de DMC, Art. 700, 1 pelote dans les col. suivants: Rose fuchsia 1008, Bleu Delft 1010, Orange goyave 1004; 2 pelotes de fil Senso «lin» de DMC, Art. 720 Ficelle 1202; 1 pelote de fil Senso de DMC, qual. Rainbow, Art. 760 Vert 1604; fil Senso de DMC, qual. Microfibres, Art. 710, 1 pelote dans les col. suivants: Bleu lagon 1109, Vert fenouil 1107 et Mandarine 1106; crochet métallique n° 3,00; 2 poignées en bambou; de la ouate synthétique.

DIMENSIONS: 27 x 29 cm.

ÉCHANTILLON: 25 m. x 17 rgs: 10 x 10 cm.

RÉALISATION: dos: 1er rang (en col. ficelle): commencer sur une chaîn. de base de 75 m. air, 3 m. air pour remplacer la 1re br., 74 **br. en relief** (voir l'explication du symbole correspondant). Tourner le trav. **2e-4e rang:** 1 m. air, **75 m.s. en relief** (voir l'explication du symbole correspondant). Tourner le trav. **5e rang:** comme le 1er rg. **6e-45e rang:** alterner les rgs de m.s. ou br. en relief ainsi que les col. selon les indications du schéma. Couper le fil. **Devant:** comme le dos.
Boule (se crochète en spirale): commencer dans un rond formé par 3 m. air et fermé par 1 m.c., 1 m. air, rép. 10 fs *2 **m.s. en relief** (voir l'explication du symbole correspondant) crochetées dans la même m.*, 37 m.s. en relief, laisser en attente. Bourrer avec de la ouate, puis, rép. 9 fs *sauter 1 m., 1 m.s. en relief*, fermer par 1 m.c. et crocheter entre 5 et 20 m. air pour faire varier la longueur. Laisser quelques centimètres et couper le fil. Faire 2 boules de chaque col. sauf col. Ficelle.

FINITIONS: sur le dos, faire un rentré de 4 cm sur le haut du sac. Sur l'arrête, crocheter 2 rgs de m.s. en relief en col. Fuchsia. Faire le même trav. pour le devant.
Poser les 2 parties endroit contre endroit et crocheter 2 rgs de m.s. en relief en col. Fuchsia sur 3 côtés pour assembler le sac. Coudre les anses. Fixer une boule de chaque col. sur chaque extrémité d'une anse.

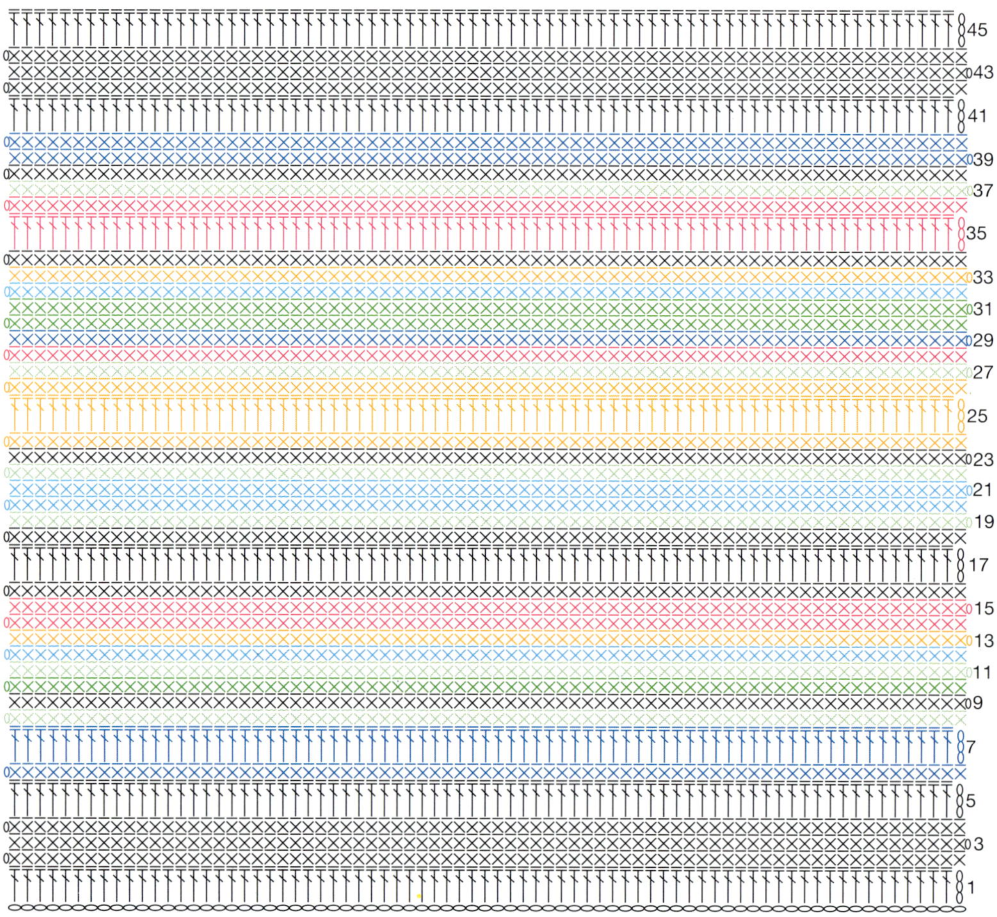

chaîn. de base = 75 m. air

- rose fuchsia
- orange goyave
- bleu lagon
- vert chiné
- vert fenouil
- bleu delft
- ficelle

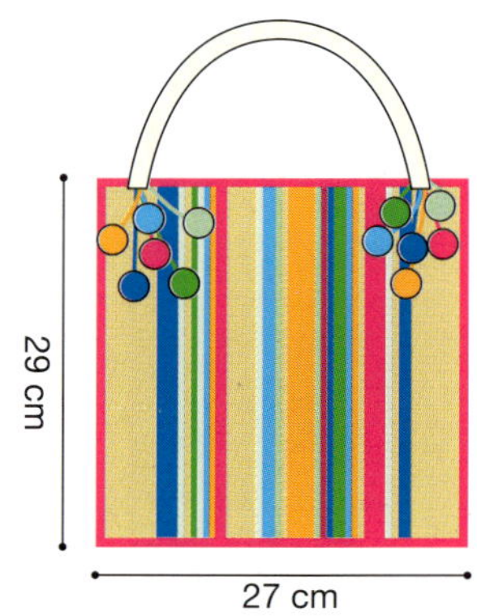

⊤ **br. en relief:** crocheter la br. en ne prenant que le brin arrière de la m. du rg préc.

× **m.s. en relief:** crocheter la m.s. en ne prenant que le brin arrière de la m. du rg préc.

CARAÏBES

FOURNITURES: 3 pelotes de fil Senso de DMC, qual. Rainbow, Art. 760 Vert 1604; crochet métallique n° 3,00; 6 sachets de lacet en daim turquoise; 2 anneaux de porte-clefs de 35 mm de diamètre; 2 mousquetons couleur bronze vieilli; 2 cœurs en nacre vert anis; 4 chaînes couleur cuivre de 20 cm; 1 tube de perles de rocaille vert anis transparent; 1 tube de perles de rocaille bleu turquoise transparent; 1 sachet de perles facette en plastique vert anis; 4 perles «graine» turquoise; 2 perles «graine» chocolat; 2 pompons métal cuivré; 4 anneaux de jonctions argent; 12 perles à écraser argent; fil de nylon.
DIMENSIONS: 36 x 22 x 4,5 cm.
ÉCHANTILLON: 25 m. x 11 rgs = 10 x 10 cm.

RÉALISATION: sac: 1er-52e rang: commencer sur une chaîn. de base de 91 m. air, 3 m. air pour remplacer la 1re br., 90 **br. en relief** (voir l'explication du symbole correspondant). Tourner le trav. Marquer les rgs 24 et 29 par un fil de couleur. **53e rang:** 3 m. air pour remplacer la 1re br., 1 m. air, 3 br. piquées dans la même m. (voir schéma), sauter 3 m., 1 m.s., 7 m. air, sauter 1 m., 1 m.s., puis rép. 8 fs *sauter 3 m., crocheter 3 br., 3 m. air et 3 br. dans la m. suivante, sauter 3 m., 1 m.s., 7 m. air, sauter 1 m., 1 m.s.*, terminer le rg par 3 br., 1 m. air et 1 br. piquées dans la dernière m. Tourner le trav. **54e rang:** 1 m. air, 1 m.s., puis rép. *4 m. air, 1 m.s.* comme le montre le schéma. Tourner le trav. **55e-74e rang:** alterner les rgs 53 et 54. Couper le fil. **Soufflet: 1er-22e rang:** commencer sur une chaîn. de base de 11 m. air, 3 m. air pour remplacer la 1re br., 10 br. en relief. Tourner le trav. Couper le fil. Réaliser un second soufflet.

FINITIONS: crocheter un rg de m.s. sur la «tête» des br. du rg 24 et du rg 29. Assembler les soufflets au reste du sac par 1 rg de m.s. **Anse:** couper tous les lacets en daim en deux. En prélever 9 et les nouer à l'une des extrémités.
Introduire le morceau resté libre de chacun d'entre eux sur le haut d'un côté du sac de l'intérieur vers l'extérieur (ainsi les nœuds se retrouvent placer à l'intérieur du sac). Avant de fixer les lanières de l'autre côté du sac, introduire les 2 anneaux de porte-clefs.
Sur chaque anneau, placer 1 mousqueton.
Sur chaque mousqueton: breloque 1: avec une lanière d'environ 35 cm, fixer à chaque extrémité 1 perle chocolat et 1 perle turquoise.
Breloque 2: ouvrir un anneau de jonction, y introduire 1 maille d'une chaîne. Passer l'anneau de jonction dans le mousqueton et fermer l'anneau avec 1 pince.
Réaliser une seconde breloque **2**.

Breloque 3: sur un fil de nylon, placer 1 perle à écraser, 1 cœur en nacre, puis repasser le fil dans la perle à écraser. Écraser cette dernière. Puis glisser sur le fil, 9 fs *1 facette, 1 perle de rocaille turquoise*, 1 perle à écraser, passer le fil dans le mousqueton, repasser le fil dans la perle et écraser celle-ci.
Breloque 4: sur un fil de nylon, glisser 1 perle à écraser, 1 pompon, repasser le fil dans la perle et l'écraser. Puis glisser sur le fil, 1 perle de rocaille turquoise, 1 facette, puis rép. 2 fs *13 perles turquoises, 1 facette, 1 perle turquoise, 1 facette, 1 perle turquoise, 1 facette, 1 perle turquoise, 1 facette*, 13 perles turquoises, 1 facette, 1 perle turquoise, 1 perle à écraser. Passer le fil dans le mousqueton puis repasser dans la perle à écraser. L'écraser.
Breloque 5: sur un fil de nylon, 1 perle à écraser, 1 perle turquoise, 1 facette, repasser le fil dans la perle à écraser et l'écraser. Glisser 1 graine turquoise, puis rép. 4 fs *1 facette, 12 perles vertes*, 1 facette, 1 perle à écraser. Passer le fil dans le mousqueton, repasser le fil dans la perle à écraser et écraser cette dernière.
Sur le rabat, fixer 18 franges en lacet turquoise de 15 cm.

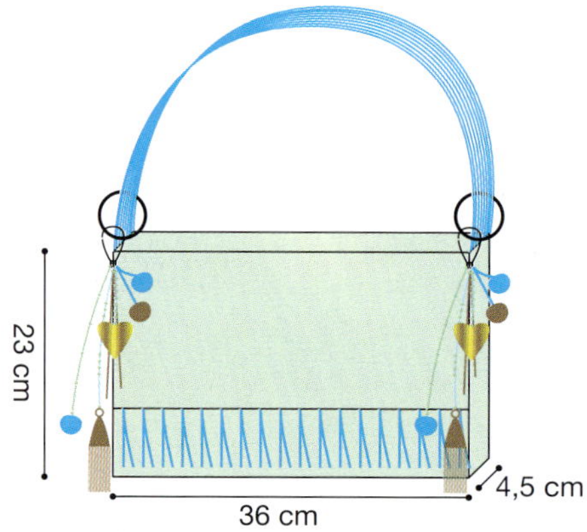

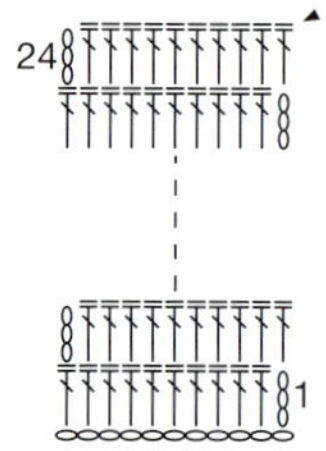

soufflet
chaîn. de base = 11 m. air

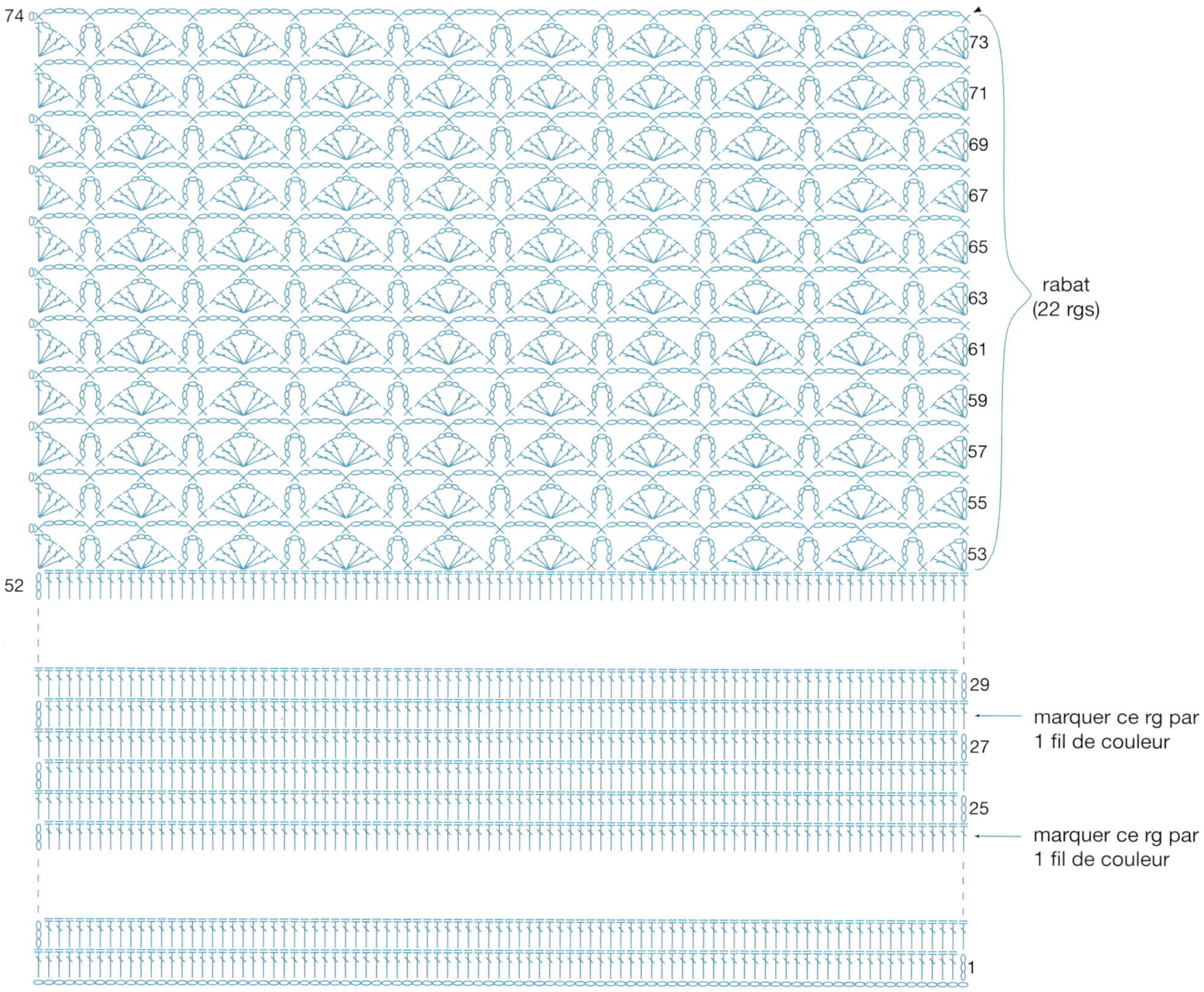

sac
chaîn. de base = 91 m. air

br. en relief: crocheter la br. en ne prenant que le brin arrière de la m. du rg préc.

CROISETTE

CROISETTE

FOURNITURES: 1 pelote de fil Senso de DMC, qual. Lin, Art. 720, Gris 1204; 1 pelote de fil Senso de DMC, qual. Coton mercerisé de DMC, Art. 700, dans les col. suivants: Blanc 1001 et Vert anis 1009; crochet métallique n° 3,00; 11 paillettes argent; 11 perles de rocailles blanches.
TOUR DE TÊTE: 56 cm.
ÉCHANTILLON: 1 triangle: 5,5 cm.

RÉALISATION: **triangle: 1er tour** (en col. blanc): commencer dans une boucle formée avec l'extrémité du fil, 3 m. air pour remplacer la 1re br., 1 br., 2 m. air, puis rép. 4 fs *2 br., 2 m. air*, fermer le t. par 1 m.c. piquée dans la 3e des 3 m. air qui remplacent la 1re br. Couper le fil. **2e tour** (en col gris): rattacher le fil dans 1 arc., 1 m. air, 1 m.s., 8 m. air, 1 m.s. piquée dans l'arc. suivant, puis rép. 2 fs *4 m. air, 1 m.s. piquée dans 1 arc., 8 m. air, 1 m.s. piquée dans 1 arc.*, fermer le t. par 2 m. air et 1 demi-br. piquée dans la m. air du début. **3e tour:** 1 m. air, 1 m.s., puis rép. 2 fs *5 br., 3 m. air et 5 br. piquées dans l'arc. de 8 m. air, 1 m.s. piquée dans l'arc. de 4 m. air*, 5 br., 3 m. air et 5 br. piquées dans le dernier arc. de 8 m. air, fermer le t. par 1 m.c. piquée dans la m. air du début. Couper le fil. Réaliser 3 triangles. **Bonnet: 1er tour** (en col. blanc): rattacher le fil au niveau d'une extrémité d'un triangle, 1 m. air et crocheter 1 t. de **m.s. en relief** (voir l'explication du symbole correspondant) tout autour des 3 triangles comme le montre le schéma. Fermer le t. par 1 m.c. piquée dans la m. air du début. **2e tour:** 1 m. air, 2 m.s. en relief, 20 m. air, rép. 2 fs *11 m.s. en relief, 20 m. air*, 9 m.s. en relief (voir schéma), fermer le t. par 1 m.c. piquée dans la m. air du début. **3e-13e tour:** cont. le trav. selon les indications du schéma et les symboles qui l'accompagnent. Crocheter **les tours 3, 5, 6,** puis **les tours 9 à 13** en col. gris. Crocheter **les tours 4 et 8** en col. blanc. Crocheter le **tour 7** en col. vert anis. **Attention:** à partir du 8e t. faire l'aug. d'une m. à chaq. t. **Fleur** (en col. vert anis): commencer dans 1 rond formé par 5 m. air et fermé par 1 m.c., rép. 5 fs *4 m. air, 1 m.c.* Couper le fil. Réaliser 8 fleurs.

FINITIONS: broder 1 paillette + 1 perle au cœur de chaque triangle.
Broder 1 paillette + 1 perle au cœur de chaque fleur.
Coudre les fleurs au bas du bonnet.

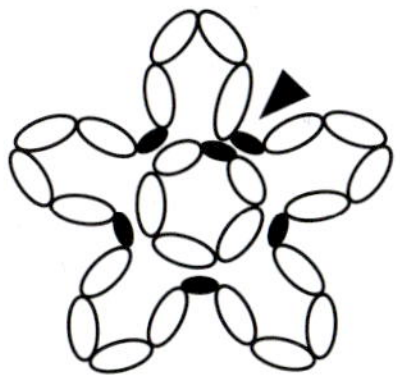

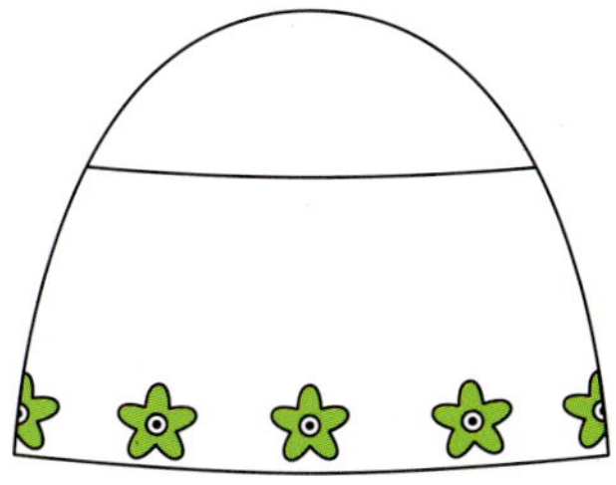

br. en relief: crocheter la br. en ne prenant que le brin arrière de la m. du t. préc.

m.s. en relief: crocheter la m.s. en ne prenant que le brin arrière de la m. du t. préc.

crocheter 2 m.s. dans 1 même m.

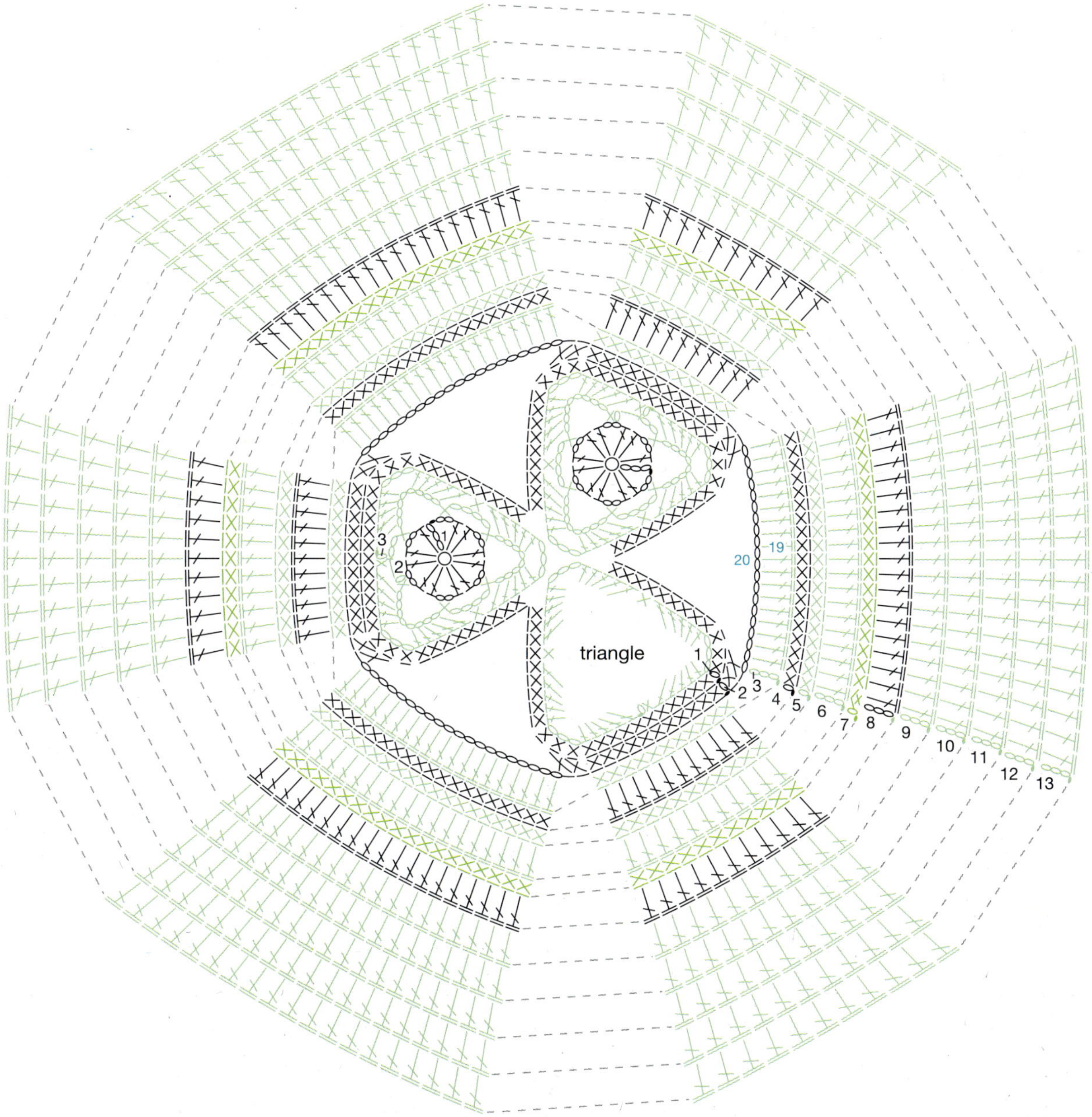

bonnet

DUO

DUO

FOURNITURES: 1 pelote de fil Senso de DMC, qual. Coton mercerisé, Art. 700 dans les col. suivants: Caramel 1005 et Vert anis 1009; 1 pelote de fil Senso de DMC, qual. Lin, Art. 720 Naturel 1201; 1 pelote de fil Senso de DMC, qual. Rainbow, Art. 760, Beige 1605; crochet métallique n° 3,00; 4 boutons de nacre verts de 28 mm de diamètre.
DIMENSIONS: 32 x 22 cm (largeur soufflet 2,5 cm).
ÉCHANTILLON: motif **A**: 11 x 6 cm.

RÉALISATION: **motif A** (en col vert): **1er-23e rang:** commencer sur une chaîn. de base de 16 m. air, 1 m. air, 16 **m.s. en relief** (ne prendre que le brin arrière de la m. du rg précéd.). Tourner le trav. Couper le fil. **Motif B** (en col. caramel): **1er-13e rang:** commencer sur une chaîn. de base de 21 m. air, 1 m. air, 21 m.s. en relief. Tourner le trav. Couper le fil. **Motif C** (en col. beige): **1er-13e rang:** commencer sur une chaîn. de base de 16 m. air, 1 m. air, 16 m.s. en relief. Tourner le trav. Couper le fil. **Motif D** (en col. vert): **1er-13e rang:** commencer sur une chaîn. de base de 6 m. air, 1 m. air, 6 m.s. en relief. Tourner le trav. Couper le fil. **Motif E** (en col. caramel): **1er-7e rang:** commencer sur une chaîn. de base de 15 m. air, 1 m. air, 15 m.s. en relief. Tourner le trav. Couper le fil. **Motif F** (en col. beige): **1er-10e rang:** commencer sur une chaîn. de base de 12 m. air, 1 m. air, 12 m.s. en relief. Tourner le trav. Couper le fil. **Motif G** (en col. vert): **1er-10e rang:** commencer sur une chaîn. de base de 16 m. air, 1 m. air, 16 m.s. en relief. Tourner le trav. Couper le fil. **Motif H** (en col. caramel): **1er-14e rang:** commencer sur une chaîn. de base de 15 m. air, 1 m. air, 15 m.s. en relief. Tourner le trav. Couper le fil. **Motif I** (en col. beige): **1er-20e rang:** commencer sur une chaîn. de base de 8 m. air, 1 m. air, 8 m.s. en relief. Tourner le trav. Couper le fil. **Motif J** (en col. vert): **1er-20e rang:** commencer sur une chaîn. de base de 7 m. air, 1 m. air, 7 m.s. en relief. Tourner le trav. Couper le fil. **Motif K** (en col. beige): **1er-19e rang:** commencer sur une chaîn. de base de 16 m. air, 1 m. air, 16 m.s. en relief. Tourner le trav. Couper le fil. **Motif L** (en col. caramel): **1er-19e rang:** commencer sur une chaîn. de base de 16 m. air, 1 m. air, 16 m.s. en relief. Tourner le trav. Couper le fil. **Motif M** (en col. beige): **1er-19e rang:** commencer sur une chaîn. de base de 12 m. air, 1 m. air, 12 m.s. en relief. Tourner le trav. Couper le fil. **Motif N** (en col. vert): **1er-15e rang:** commencer sur une chaîn. de base de 19 m. air, 1 m. air, 19 m.s. en relief. Tourner le trav. Couper le fil. **Motif O** (en col. caramel): **1er-15e rang:** commencer sur une chaîn. de base de 11 m. air, 1 m. air, 11 m.s. en relief. Tourner le trav. Couper le fil. Réaliser 2 exemplaires de chaque motif.

FINITIONS: dos: avec le fil lin naturel, assembler par un rg de m.s. les différents éléments entre eux comme le montre le diagramme. **Devant:** identique au dos. **Soufflet** (en col. lin naturel): **1er rang:** commencer sur une chaîn. de base de 160 m.s., 1 m. air, 160 **m.s. en relief** (voir l'explication du symbole correspondant). Tourner le trav. **2e rang:** 1 m. air, puis rép. *2 m.s. en relief, **1 point perle** (voir l'explication du symbole correspondant)*, 1 m.s. en relief. Tourner le trav. **3e rang:** 1 m. air, 160 m.s. en relief. Couper le fil. Assembler le soufflet entre le dos et le devant par 1 rang de m.s. en col. lin naturel. Crocheter 1 t. de m.s. en col. lin naturel sur la partie supérieure du sac. **Anse** (en col. lin naturel): **1er rang:** commencer sur une chaîn. de base de 90 m. air, 1 m. air, 90 m.s. en relief. Tourner le trav. **2e rang:** 1 m. air, puis rép. *2 m.s. en relief, **1 point perle** (voir l'explication du symbole correspondant)*. Tourner le trav. **3e-5e rang:** 1 m. air, 90 m.s. en relief. Tourner le trav. **6e rang:** plier l'anse en 2, puis 1 m. air et crocheter 90 m.s. en relief en prenant à la fois le 5e rg et la chaîn. de base. Couper le fil. Réaliser une seconde anse identique. Coudre les anses (à environ 6 cm du bord et à 3 cm de hauteur, de sorte que le rg 2 soit visible). Coudre un bouton sur chaque extrémité des anses.

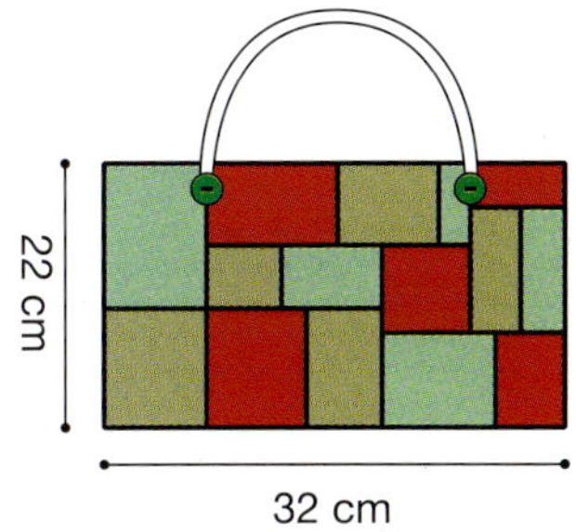

dos-devant

plier l'anse
et assembler le rg 6
avec la chaîn. de base

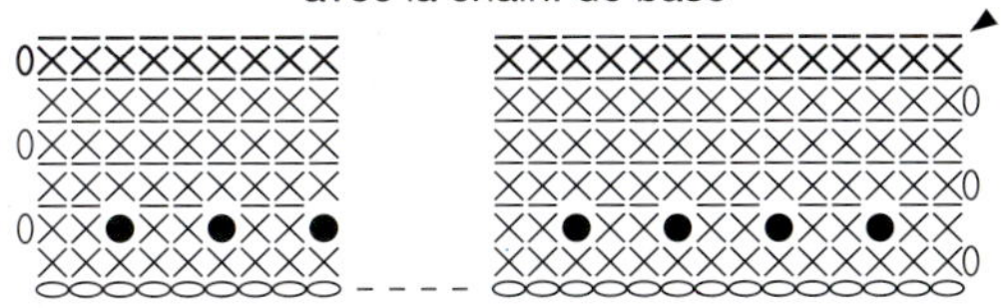
anse
chaîn. de base = 90 m. air
(col. lin naturel)

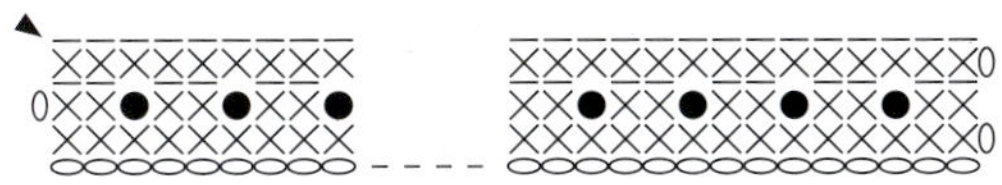
soufflet
chaîn. de base = 160 m. air
(col. lin naturel)

- col. caramel
- col. vert anis
- col. rainbow beige

x̄ **m.s. en relief:** crocheter la m.s. en ne prenant que le brin arrière de la m. du rg préc.

• **point perle:** dans 1 même m., rép. 3 fs. *1 jeté, piquer le crochet en ramener 1 boucle*. 1 jeté et écouler toutes les boucles en même temps.

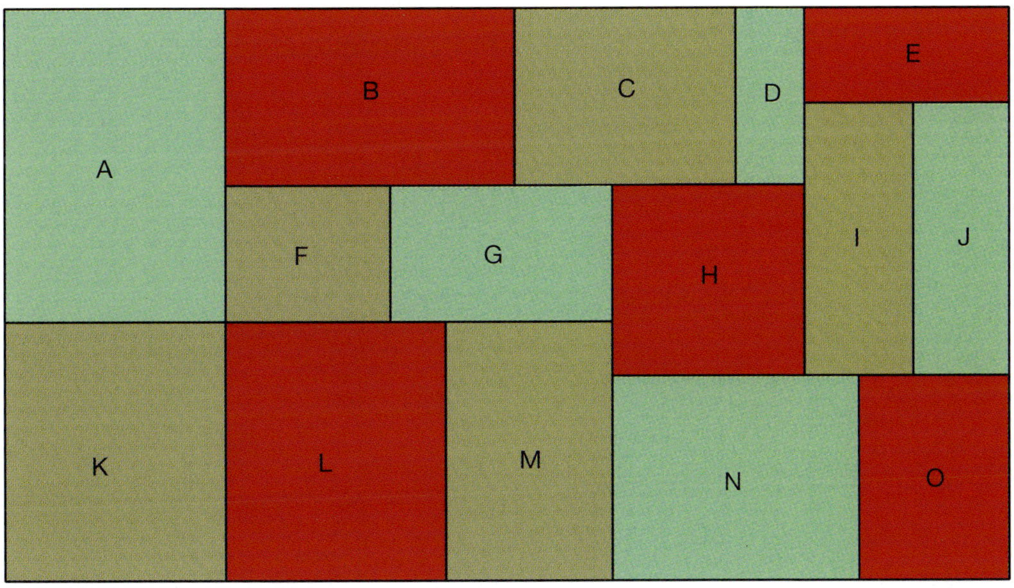

dos-devant

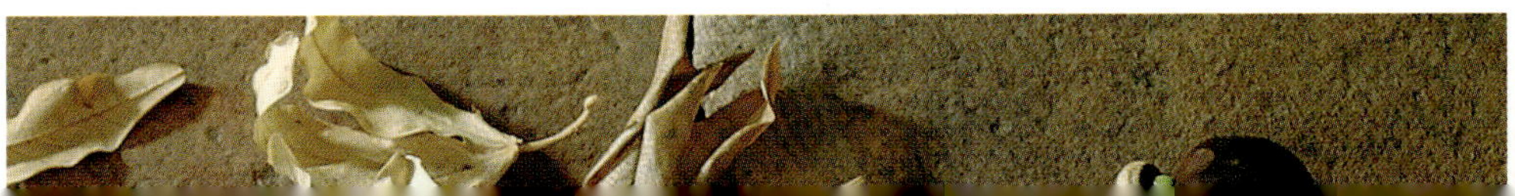

FOURNITURES: 1 pelote de fil Senso de DMC, qual. Coton mercerisé, Art. 700 dans les col. suivants: Écru 1002 et Vert anis 1009; 1 pelote de fil Senso de DMC, qual. Microfibres, Art. 710, Vert fenouil 1107; crochet métallique n° 2,50; 1 tube de grosses perles de rocaille vert prairie; 24 rondelles en bois de 1 cm de diamètre; perles «graines» dans les col. suivants: 3 noires, 3 kaki, 3 chocolat; 1 sachet de chaînettes cuivrées; 12 perles à écraser argent; 12 anneaux de jonction argent; 9 perles en bois de 18 mm de diamètre; fil de nylon.
DIMENSIONS: voir dessin.
ÉCHANTILLON: sphère: 1,2 cm.

RÉALISATION: **sphère** (se crochète en spirale): commencer dans un rond formé par 4 m. air et fermé par 1 m.c., 1 m. air, puis rép. 12 fs *crocheter 2 m.s. dans la même m.*, 50 m.s., introduire 1 perle en bois dans l'ouvrage, puis rép. 12 fs *sauter 1 m., 1 m.s.*. Laisser quelques centimètres et couper le fil. Passer ce dernier entre les m., resserrer et glisser l'excès de fil à l'intérieur de la sphère. Réaliser 3 sphères dans chaque col.

FINITIONS: rép. 3 fs *sur du fil, glisser 1 perle à écraser, 1 anneau de jonction, repasser le fil dans la perle et écraser cette dernière très fortement avec 1 pince (de sorte que le fil ne bouge plus)., 1 perle verte, 1 rondelle, 1 perle verte, 1 sphère anis, 1 perle verte, 1 rondelle, 1 perle verte, 1 graine noire, 1 perle verte, 1 rondelle, 1 perle verte, 1 sphère fenouil, 1 perle verte, 1 rondelle, 1 perle verte, 1 perle à écraser, 1 anneau de jonction, repasser le fil dans la perle à écraser et l'écraser. Couper le fil. Entrouvrir l'anneau de jonction et y passer 2 morceaux de chaînettes constitués de 12 anneaux chacun. Refermer l'anneau. Entrouvrir un autre anneau de jonction et y passer les 2 autres extrémités des chaînettes. Refermer l'anneau. Avec du fil, 1 perle à écraser, passer dans l'anneau de jonction, repasser dans la perle à écraser et l'écraser. Puis sur le fil glisser 1 perle verte, 1 rondelle, 1 perle verte, 1 graine kaki, 1 perle verte, 1 rondelle, 1 perle verte, 1 sphère écru, 1 perle verte, 1 rondelle, 1 perle verte, 1 graine café, 1 perle verte, 1 rondelle, 1 perle verte, 1 perle à écraser, 1 anneau de jonction, repasser le fil dans la perle à écraser et écraser cette dernière. Couper le fil. Entrouvrir l'anneau, y glisser 2 morceaux de chaînettes constitués de 12 anneaux chacun. Refermer l'anneau*. Pour fermer le collier, introduire les chaînettes du dernier «groupe» dans l'anneau de jonction initial.

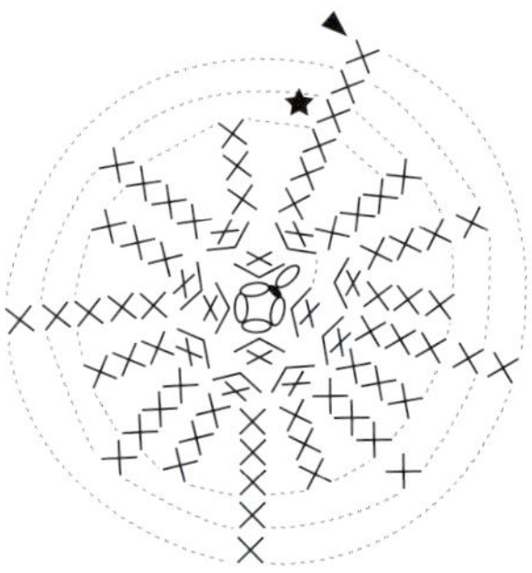

sphère
3 en col.vert anis
3 en col. vert fenouil
3 en col. écru

crocheter 2 m.s. dans la même m.

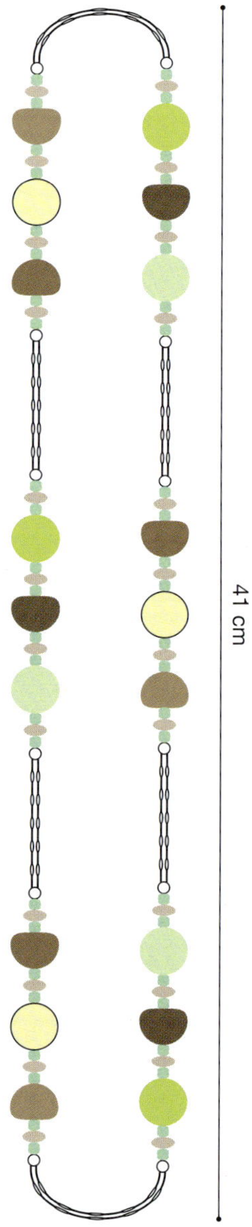

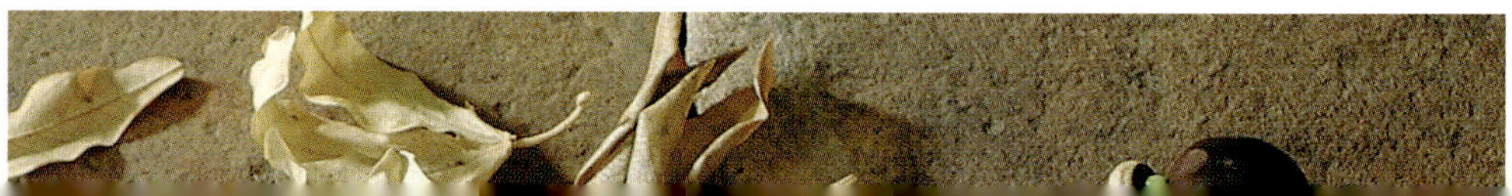

ANNÉES FOLLES

ANNÉES FOLLES

FOURNITURES: 2 pelotes de fil Senso de DMC, qual. Coton mercerisé, Art. 700 Noir 1012; crochet métallique n° 3,00.
TOUR DE TÊTE: 57 cm.
ÉCHANTILLON: fleur: 12 cm.

RÉALISATION: bonnet: 1er tour: commencer dans un rond formé par 5 m. air et fermé par 1 m.c., 1 m. air, **5 m.s. en relief** (voir l'explication du symbole correspondant), fermer le t. par 1 m.c. piquée dans la m. air du début. **2e tour:** 1 m. air, rép. 5 fs *2 m.s. en relief piquées dans la même m.*, fermer le t. par 1 m.c. piquée dans la m. air du début. **3e tour:** 1 m. air, 10 m.s. en relief, fermer le t. par 1 m.c. piquée dans la m. air du début. **4e-26e tour:** cont. le trav. selon les indications du schéma et les symboles qui l'accompagnent. Couper le fil à la fin du 26e t. **Fleur: 1er tour:** commencer dans un rond formé par 8 m. air et fermé par 1 m.c., 3 m. air pour remplacer la 1re br., 1 m. air, rép. 7 fs *2 br., 1 m. air*, 1 br., fermer le t. par 1 m.c. piquée dans la 3e des 3 m. air qui remplacent la 1re br. **2e tour:** avancer en m.c. jusqu'à la m. air du t. précéd. (voir schéma), 1 m. air, 1 m.s., rép. 7 fs *4 m. air, 1 m.s. piquée dans 1 m. air du t. précéd.*, fermer le t. par 2 m. air et 1 br. piquée dans la m. air du début. **3e tour:** 4 m. air pour remplacer la 1re double br., 2 doubles br. piquées dans le même arc., rép. 7 fs *3 doubles br., 9 m. air, 3 doubles br. piquées dans 1 arc. (voir schéma)*, crocheter 3 doubles br. piquées dans l'arc. initial et fermer le t. par 4 m. air et 1 triple br. piquée dans la 4e des 4 m. air qui remplacent la 1re br. **4e tour:** 3 m. air pour remplacer la 1re br., 9 br. piquées dans le même arc., rép. 7 fs *10 br., 3 m. air et 10 br. piquées dans 1 arc.*, crocheter 10 br. dans l'arc. initial, 3 m. air et fermer le t. par 1 m.c. piquée dans la 3e des 3 m. air qui remplacent la 1re br. Couper le fil. Coudre la fleur sur le bonnet.

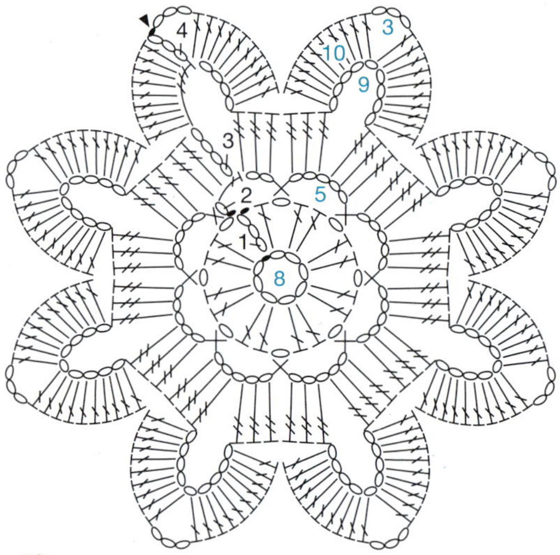

fleur

tour de tête : 57 cm

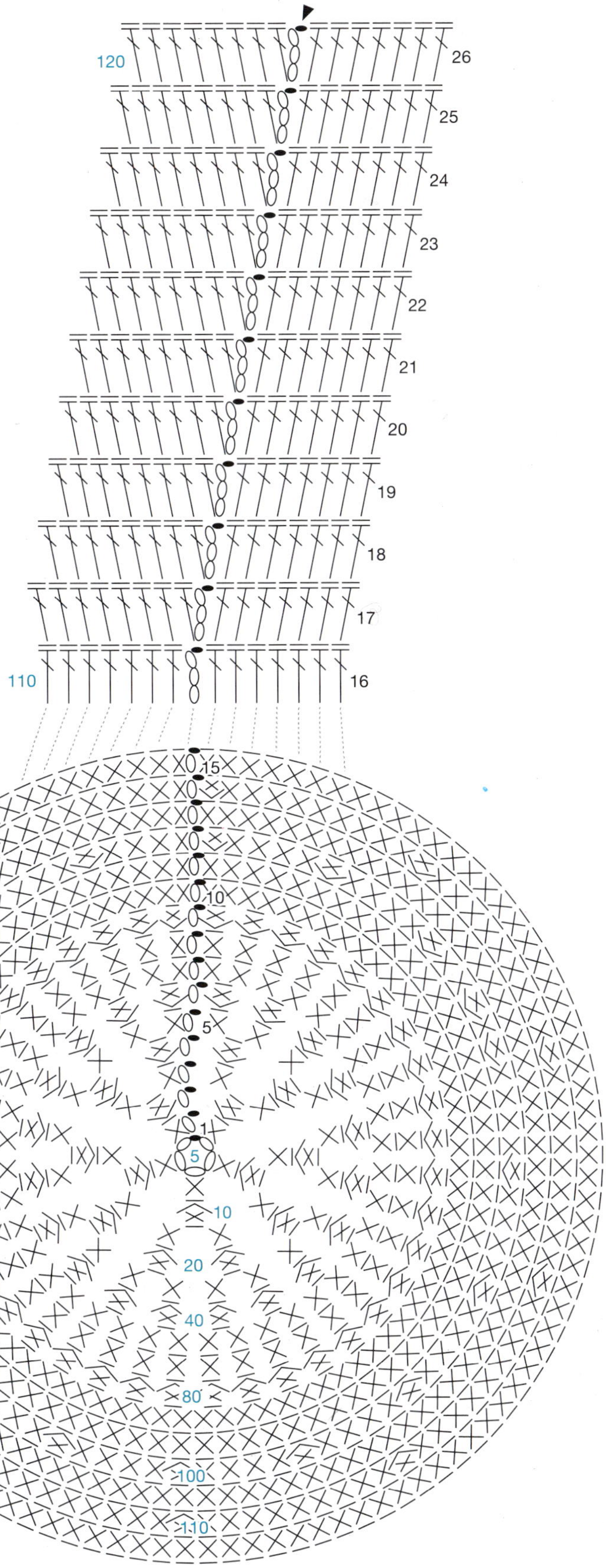

bonnet

br. en relief: crocheter la br. en ne prenant que le brin arrière de la m. du t. préc.

m.s. en relief: crocheter la m.s. en ne prenant que le brin arrière de la m. du t. préc.

crocheter 2 m.s. dans 1 même m. en ne prenant que le brin arrière de la m. du t. préc.

SIXTIE'S

FOURNITURES: fil Senso de DMC, qual. Microfibres, Art. 710, 1 pelote dans les col. suivants: Vert fenouil 1107, Bleu lagon 1109 et Blanc 1101; crochet métallique n° 3,00.
DIMENSIONS: 17 x 18 cm.
ÉCHANTILLON: 24 m. x 20 rgs: 10 x 10 cm.

RÉALISATION: dos *(en col. vert)*: **1er tour:** commencer dans un rond de 4 m. air et fermé par 1 m.c., 1 m. air, puis rép. 4 fs *1 **m.s. en relief** (voir l'explication du symbole correspondant), 1 m. air*, fermer le t. par 1 m.c. piquée dans la m. air du début. **2e-17e tour:** 1 m. air, 1 m.s. en relief sur chaque m.s. du t. précéd. et crocheter *1 m.s. en relief, 1 m. air, 1 m.s. en relief* sur chaque m. air du t. précéd. Fermer le t. par 1 m.c. piquée dans la m. air du début. Couper le fil. **18e tour:** rattacher le fil au niveau de la flèche blanche, 1 m. air, crocheter 1 t. de m.s. sur 3 côtés du carré, puis crocheter 250 m. air, fermer le t. par 1 m.c. piquée dans la m. air du début. **19e tour:** 1 m. air, 1 t. de m.s., fermer le t. par 1 m.c. piquée dans la m. air du début. Couper le fil. **Devant:** identique au dos. Placer les 2 éléments l'un sur l'autre, puis faire l'assemblage par 1 tour de m.s. à l'extérieur du sac. Faire de même à l'intérieur de l'anse (partie en gras sur le schéma). **Fleur** (en col. bleu): **1er tour:** commencer dans un rond formé par 5 m. air et fermé par 1 m.c., 1 m. air, 5 m.s., fermer le t. par 1 m.c. piquée dans la m. air du début. **2e tour:** 1 m. air, puis rép. 5 fs *2 m. air, 1 m. air pour tourner, 2 m.s. dans la chaîn., 1 m.s. piquée dans le rond central*, fermer le t. par 1 m.c. piquée dans la m. air du début. Couper le fil. Réaliser 3 fleurs. **Feuille** (en blanc, se crochète en spirale): commencer sur une chaîn. de base de 3 m. air, 1 m. air pour tourner, 3 m.s., 1 m. air pour passer de l'autre côté de la chaîn. de base, 4 m.s., 1 m. air, 4 m.s. Couper le fil.
Réaliser 6 feuilles. Coudre les fleurs et les feuilles à points cachés comme le montre le dessin.

fleur
(en col. bleu)

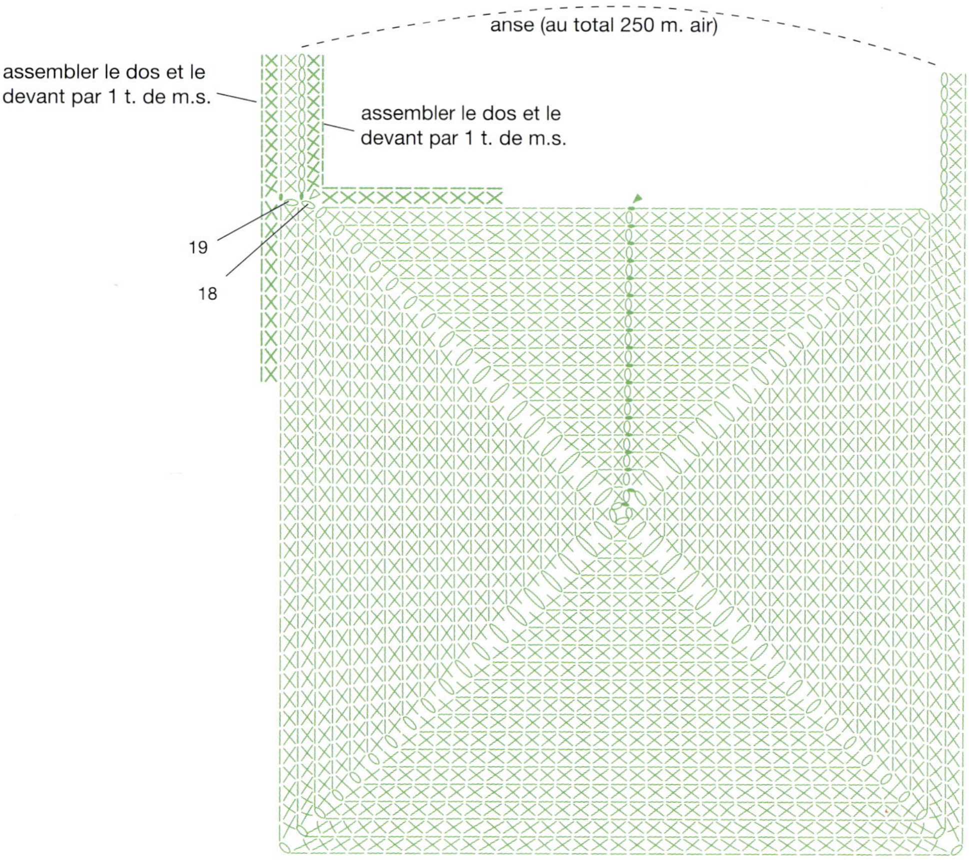

dos - devant
(en col. vert)

feuille
(en col. blanc)
chaîn. de base = 3 m. air

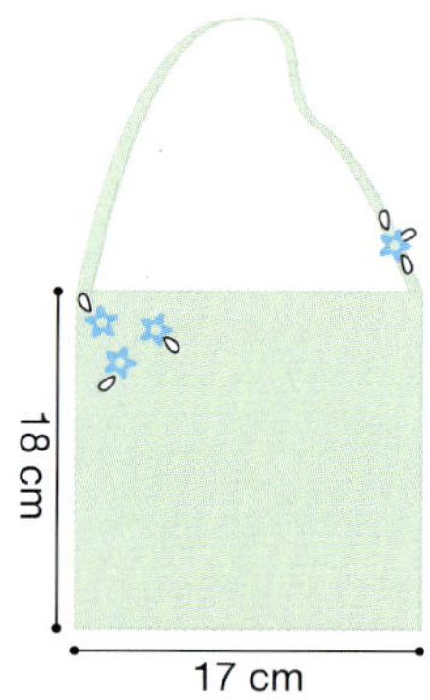

x̄ **m.s. en relief:** crocheter la m.s. en ne prenant que le brin arrière de la m. du t. préc.

X crocheter la m.s. dans le rond central

ROSE BONBON

FOURNITURES: 1 pelote de fil Senso de DMC, qual. Microfibres, Art. 710, Rose bonbon 1105; 1 pelote de fil Senso de DMC, qual. Coton mercerisé, Art. 700 col. Rose fuchsia 1008; crochet métallique n° 3,00; 2 anneaux en demi-lune pour la fixation de l'anse; 2 perles en bois fuchsia de 18 mm; 125 x 0,5 cm de ruban rose pour l'anse.
DIMENSIONS: 15 x 16 cm.
ÉCHANTILLON: 24 m. x 20 rgs: 10 x 10 cm.

RÉALISATION: **dos** (en col. rose bonbon): **1er rang:** commencer sur une chaîn. de base de 39 m. air, 1 m. air, 39 m.s. Tourner le trav. **2e-31e rang:** 1 m. air, 39 m.s. en relief (ne prendre que le brin arrière de la m. du rg précéd.) Tourner le trav. **32e-35e rang:** 1 m. air, 5 m.s. Tourner le trav. **36e rang:** glisser un anneau, rabattre, 1 m. air et crocheter 5 m.s. pour fixer la patte sur l'envers. Couper le fil. **Devant:** comme le dos, mais crocheter simultanément *en col. fuchsia* le cœur comme l'indique le schéma.

FINITIONS: poser les 2 parties envers contre envers et crocheter un t. de m.s. pour les assembler. Introduire le ruban dans l'un des anneaux et le fixer à points cachés, glisser les 2 perles. Fixer l'autre extrémité du ruban sur l'autre anneau. Placer les perles.

chaîn. de base = 39 m. air
devant: en col. rose bonbon et cœur en rose fuchsia
dos: en col. rose bonbon

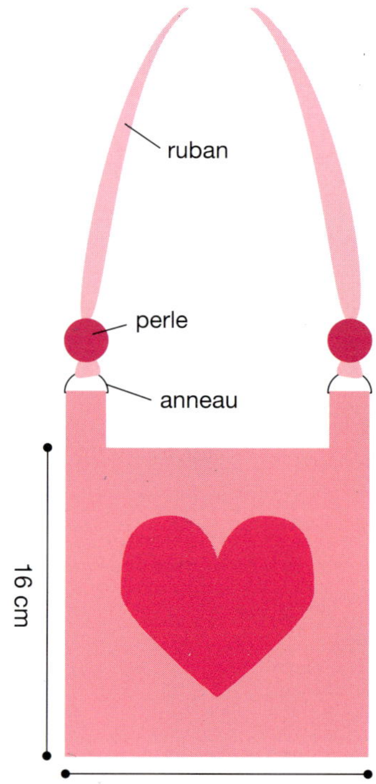

x **m.s. en relief:** crocheter la m.s. en ne prenant que le brin arrière de la m. du rg préc.

INVITATION

FOURNITURES: fil Senso de DMC, qual. Coton mercerisé, Art. 700 dans les col. suivants: 8 pelotes Noir 1012 et 2 pelotes Ivoire 1002; crochet métallique n° 4,00; 2 anses en bambou; 36 perles dorées.
DIMENSIONS: 30 x 32 cm.
ÉCHANTILLON: 22 m. x 15 rgs: 10 x 10 cm.

RÉALISATION: (se crochète avec le fil pris en double): **1er rang** (en col. noir): commencer sur une chaîn. de base de 70 m. air, 1 m. air, 70 m.s. Tourner le trav. **2e rang:** 3 m. air pour remplacer la 1re br., 69 br. Tourner le trav. **Alterner les rangs 1 et 2** jusqu'à obtenir 33 cm de hauteur. Couper le fil. Réaliser une seconde partie identique. **Fleur** (en col. ivoire): commencer dans un rond formé par 8 m. air et fermé par 1 m.c., 3 m. air pour remplacer la 1re br., 17 br., fermer le t. par 1 m.c. piquée dans la 3e des 3 m. air qui remplacent la 1re br. Couper le fil. Crocheter 36 fleurs.

FINITIONS: Coudre les deux parties du sac à points cachés sur l'envers, en laissant libre 13 cm sur la partie supérieure.
Placer les anses, rabattre environ 3 cm de la partie supérieure et coudre à points cachés sur l'envers.
Coudre les fleurs et les perles à points cachés comme le montre le dessin.

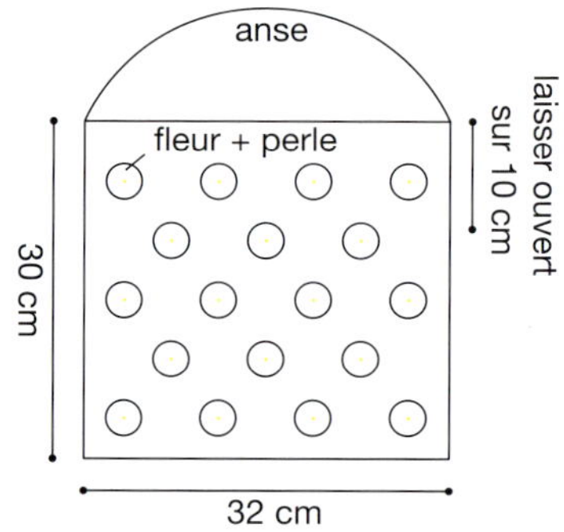

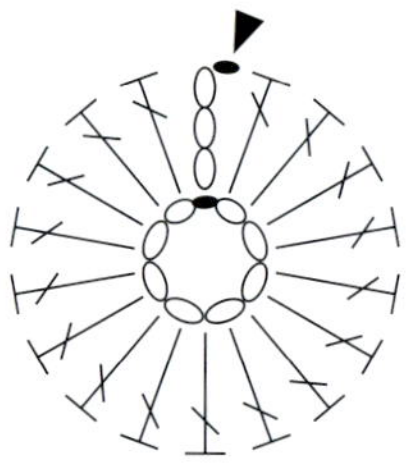

fleur
(en col. ivoire)

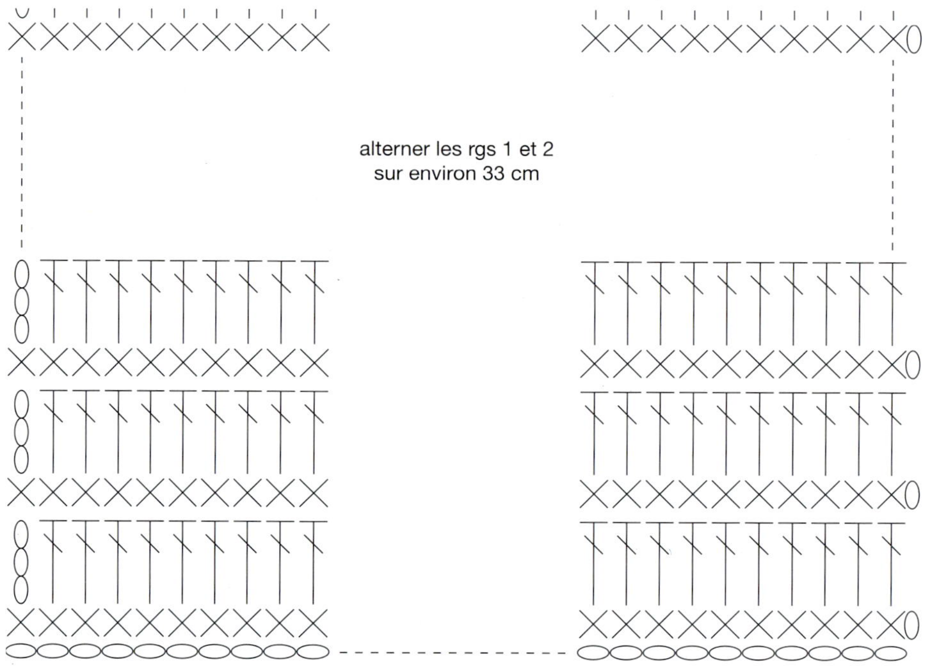

chaîn. de base = 70 m. air
(en col. noir)

GRAND JOUR

FOURNITURES: 2 pelotes de fil Senso de DMC, qual. Coton mercerisé, Art. 700 blanc n° 1001; 1 pelote de fil Senso de DMC, qual. Denim, Art. 750 Bleu délavé n° 1501; crochet métallique n° 3,00.
DIMENSIONS: voir dessin
ÉCHANTILLON: 24 br. x 13 rgs = 10 x 10 cm.

RÉALISATION: **sac** (avec le fil blanc): **1er-62e rang:** commencer sur une chaîn. de base de 55 m. air, 3 m. air pour remplacer la 1re br., 54 br. Tourner le trav. Couper le fil à la fin du 62e rg. **Soufflé** (en col. blanc): **1er-19e rang:** commencer sur une chaîn. de base de 8 m. air, 3 m. air pour remplacer la 1re br., 7 br. Tourner le trav. Couper le fil à la fin du 19e rg. Réaliser un 2e soufflé identique. Assembler le sac et 1 soufflé par 1 rg de m.s. comme suit: faire correspondre les 19 rgs du soufflé avec les 19 rgs du devant du sac, puis faire correspondre la largeur du soufflé avec 4 rgs du sac (fond du sac), puis faire correspondre à nouveau 19 rgs du sac avec les 19 rgs du soufflé du sac. Faire de même avec l'autre côté. **Anse** (en col. blanc): **1er rang:** rattacher le fil sur le bord d'un soufflé, 1 m. air, 1 m.s. et rép. 2 fs *3 m. air, 2 br. piquées dans la 1re m. air*, 1 m.s. piquée dans la dernière br. du côté. Tourner le trav. **2e rang:** 4 m. air pour remplacer la 1re double br., rép. 2 fs *3 br. piquées dans 1 arc. de 3 m. air du rg précéd.*, 1 double br. piquée dans la m.s. du rg précéd. Tourner le trav. **3e-54e rang:** alterner les rgs 1 et 2. Rattacher le fil à l'autre soufflé du sac par 1 rg de m.c. et couper le fil. **Fleur** (en col. bleu): **1er tour:** commencer dans un rond formé par 8 m. air et fermé par 1 m.c., 1 m. air, 12 m.s., fermer le t. par 1 m.c. piquée dans la m. air du début. **2e tour:** 1 m. air et rép. 6 fs *1 m.s., 3 m. air, sauter 1 m.*, fermer le t. par 1 m.c. piquée dans la m. air du début. **3e tour:** avancer en m.c. jusqu'à l'arc., 1 m. air, puis rép. dans chaque arc. *1 m.s., 5 br., 1 m.s.*, fermer le t. par 1 m.c. piquée dans la m. air du début et couper le fil. Réaliser 3 fleurs et les coudre à points cachés sur le bas du rabat (voir dessin).

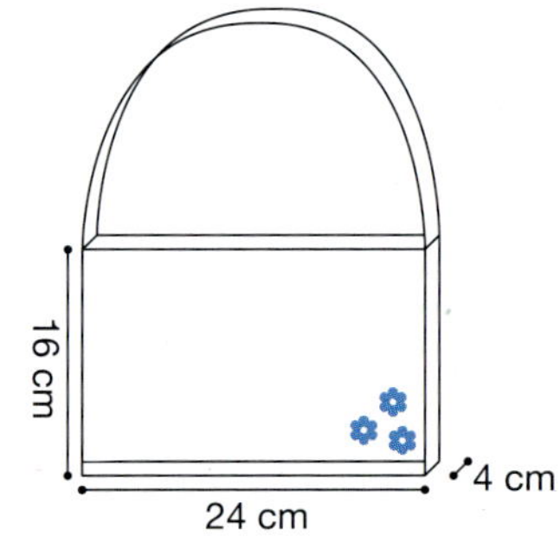

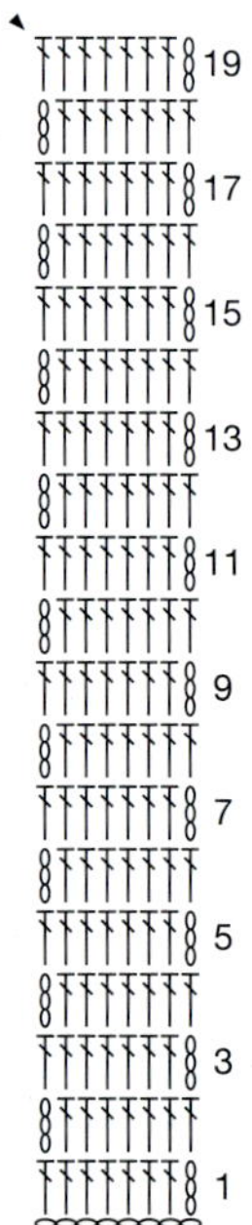

chaîn. de base = 8 m. air
côté

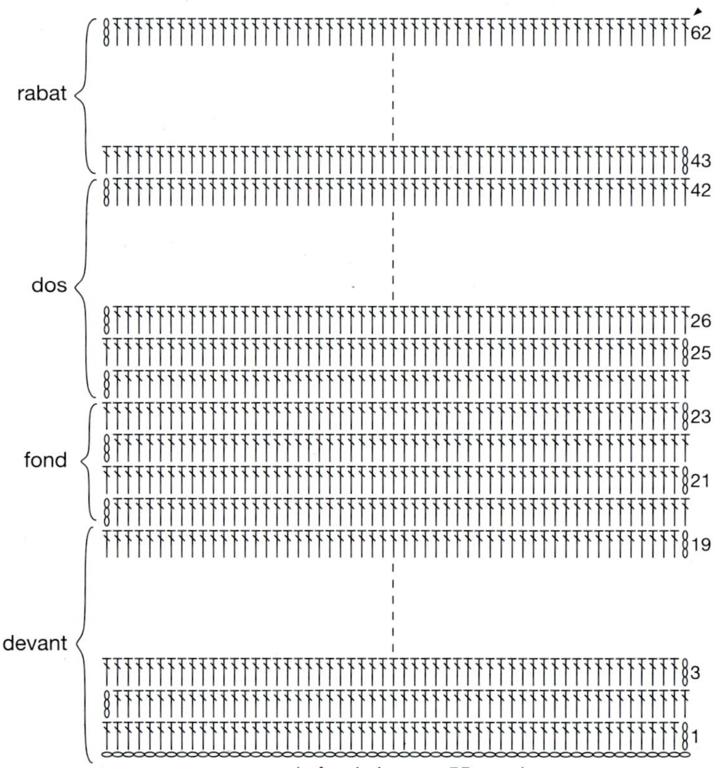

chaîn. de base = 55 m. air
sac

assembler à l'autre côté par des m.c.
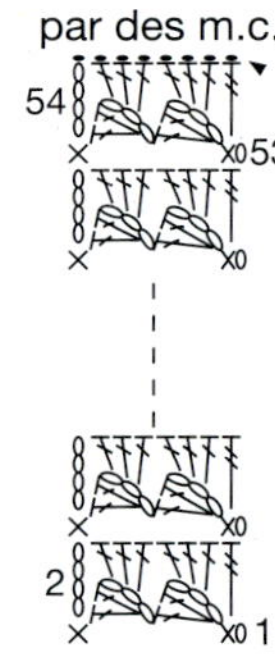

rattacher le fil sur le bord d'1 côté
anse

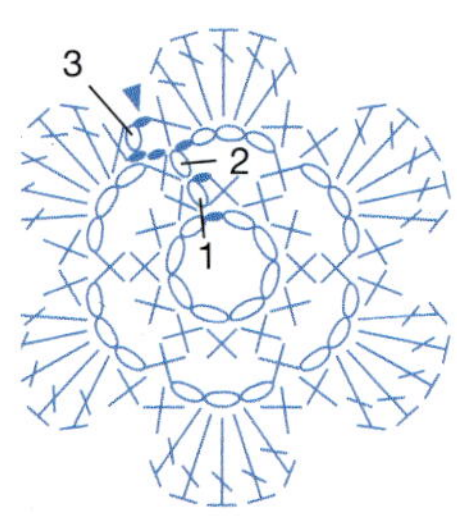

fleur
(en col. bleu)

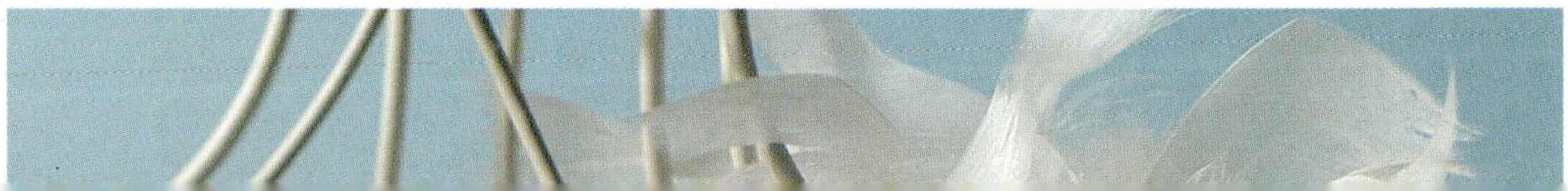

SLAVE

SLAVE

FOURNITURES: 4 pelotes de fil Senso de DMC, qual. Coton mercerisé, Art. 700 Noir 1012; crochets métalliques n° 4,00 et n° 5,00; 2 tringles en bois de 23 cm de long et de 1 cm de diamètre.
DIMENSIONS: 25 x 30 cm.
ÉCHANTILLON: 16 m. x 14 rgs de point fantaisie: 10 x 10 cm.

RÉALISATION: (se crochète avec le fil pris en fil double): **dos** (crochet n° 5,00): **1er rang:** commencer sur une chaîn. de base de 36 m. air, 1 m. air, 36 **m.s. en relief** (voir l'explication du symbole correspondant). Tourner le trav. **2e rang et suivants** (= **point fantaisie**): 2 m. air, puis rép. *sauter 1 m., 1 m.s. en relief, 1 m. air*, terminer le rg par 1 m.s. en relief sur la dernière m. Tourner le trav. Cont. le point fantaisie sur 20 cm de hauteur. Puis cont. par la **partie B** comme suit: **1er-5e rang:** 1 m. air, 36 m.s. Tourner le trav. **6e rang:** 1 m. air, 10 m.s. Tourner le trav. **7e-9e rang:** 1 m. air, 10 m.s. Tourner le trav. À la fin du 9e rg, laisser le fil en attente. Reprendre les **rangs 6 à 9** en symétrique et à la fin du 9e rg, crocheter 18 m. air et rattacher le fil à l'autre partie par 1 m.c. (voir schéma). Couper le fil. **10e-26e rang:** reprendre le fil laissé en attente et cont. en m.s. selon le schéma. Couper le fil. **Devant:** comme le dos.

FINITIONS: *(crochet n°4,00)*: replier la partie **B** du dos en 2 sur l'envers (indiquée sur le schéma par une flèche). Faire **la bordure** tout autour de la poignée ainsi formée comme suit: rattacher le fil double, 1 m. air, répartir 1 t. de m.s. en prenant les 2 épaisseurs; fermer le t. par 1 m.c. piquée dans la m. air du début. Couper le fil. Assembler un côté de la partie **B** par 1 rg de m.s. en fil double. Glisser la tringle sur la partie supérieure et fermer l'autre côté de la partie **B** par des m.s. Faire le même travail avec le devant. Assembler le dos et le devant par 1 t. de m.s. en relief sur les 3 côtés restants.

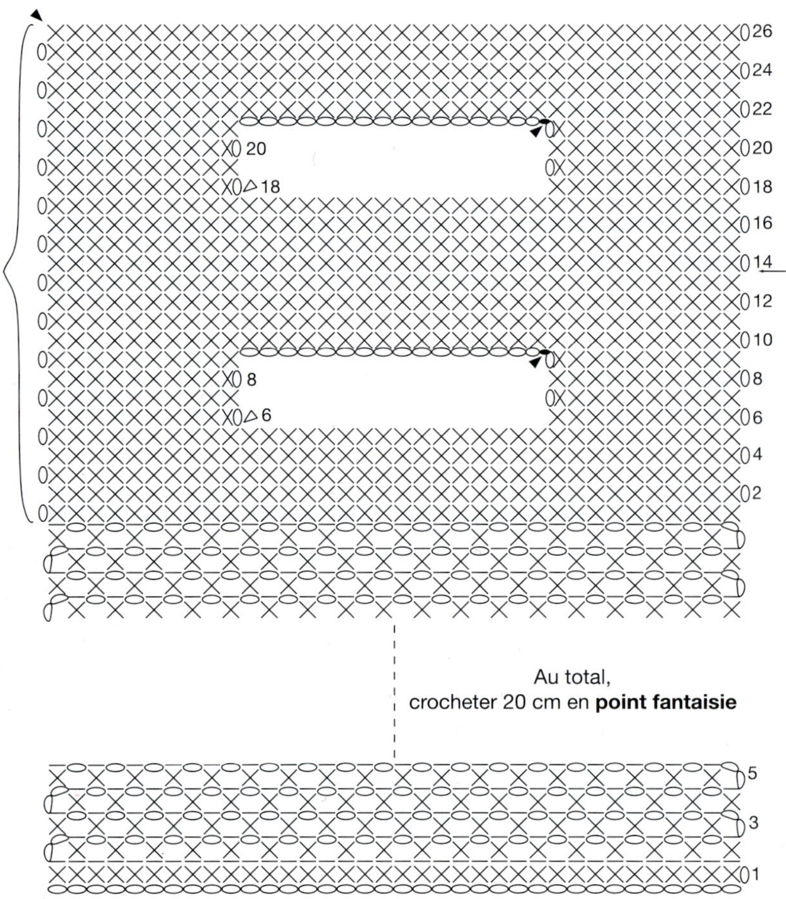

chaîn. de base = 36 m. air

dos-devant

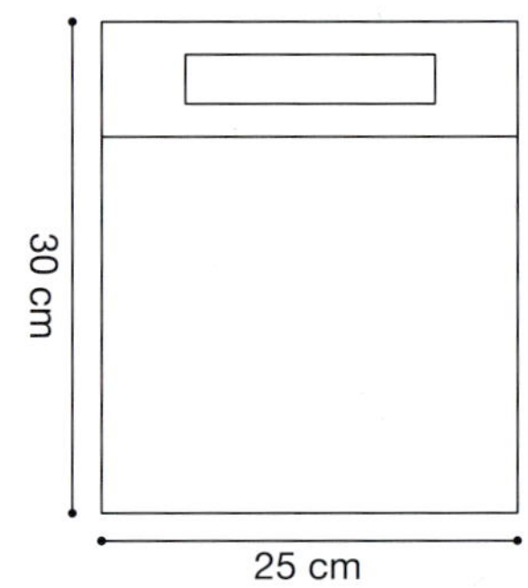

m.s. en relief: crocheter la m.s. en ne prenant que le brin arrière de la m. du rg préc.

FOURNITURES: 1 pelote de fil Senso de DMC, qual. Coton mercerisé, Art. 700 Noir 1012; crochet métallique n° 3,00; 1 fermeture à glissière de 12 cm; 3 paillettes irisées; 3 perles noires.

DIMENSIONS: 10 x 7,5 cm.

RÉALISATION: 1er tour: commencer sur une chaîn. de base de 7 m. air, 1 m. air, 7 **m.s. en relief** (voir l'explication du symbole correspondant), 1 m.s. en relief pour passer de l'autre côté de la chaîn., revenir par autant de m.s. en relief, 1 m.s. en relief (voir schéma) et fermer le t. par 1 m.c. piquée dans la m. air du début. **2e-4e tour:** 1 m. air, rép. *1 m.s. en relief, 2 m.s. en relief piquées dans la même m.*, fermer le t. par 1 m.c. piquée dans la m. air du début. **5e-12e tour:** cont. le trav. selon les indications du schéma et les symboles qui l'accompagnent. Couper le fil. **Fleur:** commencer dans un rond formé par 3 m. air et fermé par 1 m.c., 1 m. air, rép. 5 fs *1 m.s., 3 m. air*, fermer le t. par 1 m.c. piquée dans la m. air du début. Puis crocheter 1 tige de 5 ou 10 m. air. Couper le fil. Réaliser 1 fleur avec 1 tige de 5 m. air, 1 fleur avec 1 tige de 10 m. air et 1 fleur avec 1 tige de 15 m. air.

FINITIONS: Coudre la fermeture à glissière. Fixer les fleurs sur le curseur de la glissière. Fixer 1 paillette + 1 perle au centre des fleurs.

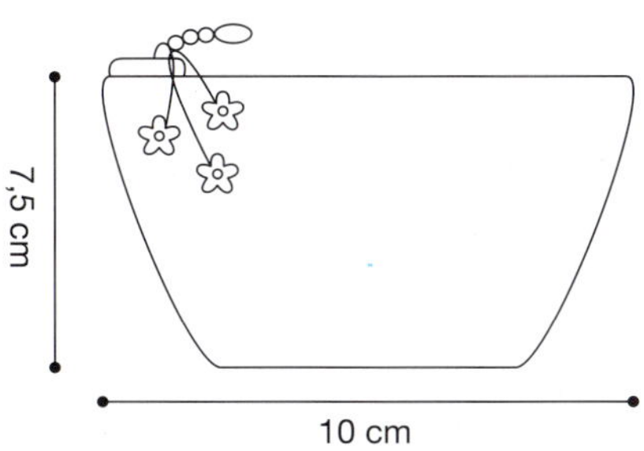

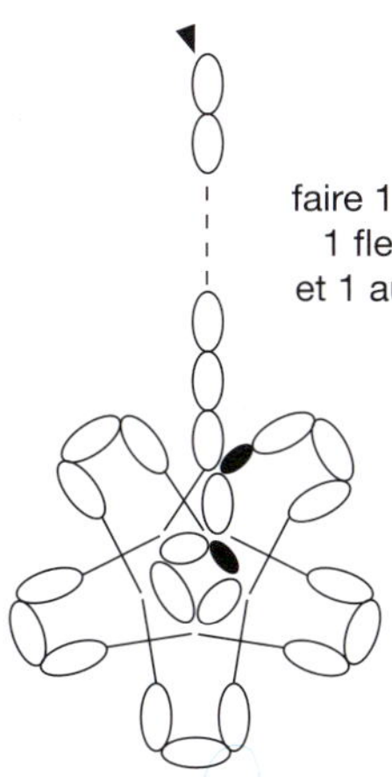

fleur

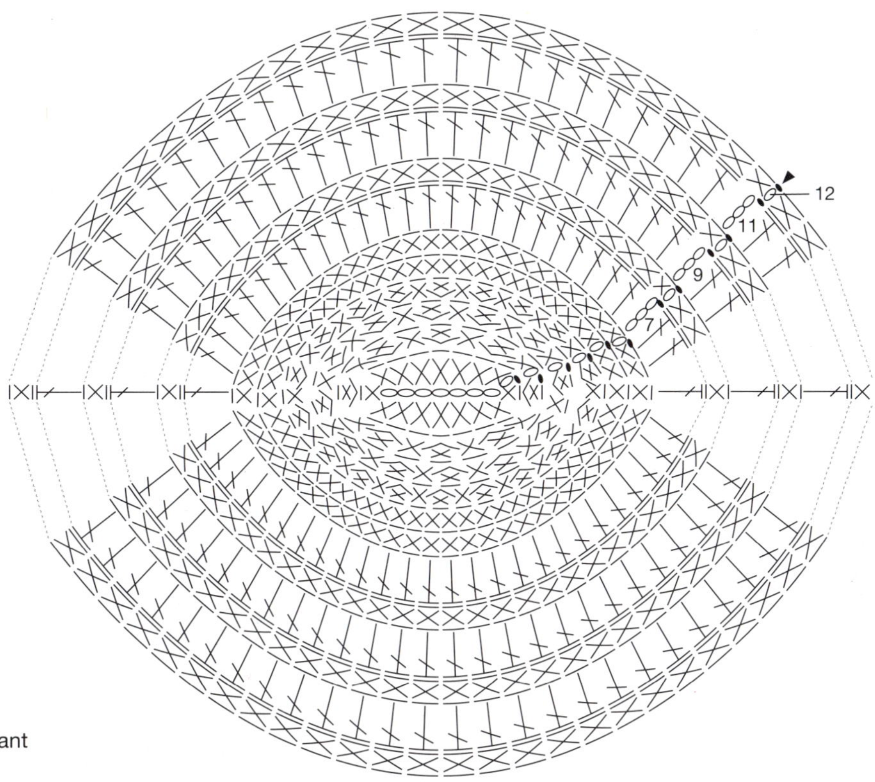

chaîn. de base = 7 m. air

br. en relief: crocheter la br. en ne prenant que le brin arrière de la m. du rg préc.

m.s. en relief: crocheter la m.s. en ne prenant que le brin arrière de la m. du rg préc.

crocheter 2 m.s. en relief piquées dans la même m.

FOURNITURES: un peu de fil Senso de DMC, qual. Coton mercerisé, Art. 700 dans les col. suivants: Blanc 1001, Orange goyave 1004, Rouge cerise 1006, Rose cassis 1007, Rose fuchsia 1008, et Vert anis 1009; crochet métallique n° 3,00; 1 tube de perles de rocaille jaunes; 13 paillettes rose fuchsia; 13 perles de rocaille rouge; 2 paillettes violettes pour les yeux; 2 perles de rocaille; 1 attache de broche

DIMENSIONS: 9 x 5 cm.

RÉALISATION: **1er rang** (en col. cassis): commencer sur une chaîn. de base de 4 m. air, 1 m. air, 4 **m.s. en relief** (voir l'explication du symbole correspondant), 1 m. air. Tourner le trav. **2e rang:** 1 m. air, 5 m.s. en relief, 1 m. air. Tourner le trav. **3e rang:** 1 m. air, 6 m.s. en relief, 1 m. air. Tourner le trav. **4e-12e rang:** cont. le trav. en m.s. en relief. Pour les augm., les dim. et les coloris se référer au schéma et aux symboles qui l'accompagnent. **13e tour** (en col. vert): 1 m. air, 5 m.s. en relief, 18 m. air et fermer le t. par 1 m.c. piquée dans la m. air du début. **14e tour et suivants** (en col. blanc): 1 m. air, répartir 21 m.s. en relief, fermer le t. par 1 m.c. piquée dans la m. air du début. Puis cont. en spirale en ne crochetant qu'une m.s. en relief sur 2 jusqu'à épuisement des m. Couper le fil. **Bordure** (en col. rouge): rattacher le fil, 1 m. air, puis répartir 1 t. de m.s. en relief, fermer le t. par 1 m.c. piquée dans la m. air du début.

FINITIONS: **les yeux:** coudre 1 paillette violette avec 1 perle noire en son centre. Avec du fil noir, broder des cils. **La bouche:** broder avec le fil rouge. **Autour du visage:** disposer régulièrement 1 paillette fuchsia avec 1 perle rouge. **Autour de l'ouvrage:** coudre une rangée de perles jaunes. Coudre l'attache de la broche.

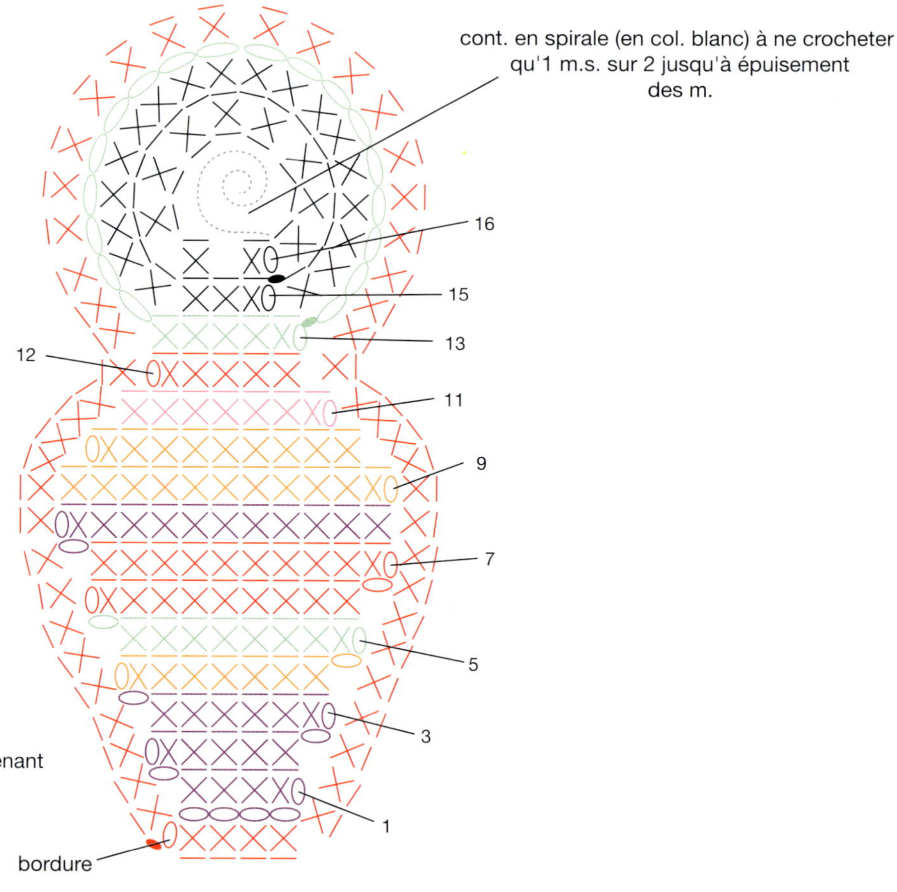

x̄ **m.s. en relief:** crocheter la m.s. en ne prenant que le brin arrière de la m. du t. préc.

FOURNITURES: 1 pelote de fil Senso de DMC, qual. Coton mercerisé, Art. 700 dans les col. suivants: Rose fuchsia 1008, Rouge cerise 1006; 1 pelote de fil Senso de DMC, qual. Microfibres, Art. 710, Vert fenouil 1107; crochet métallique n° 2,50; 2 boutons de nacre de 15 mm de diamètre couleur vert prairie; 2 attaches de broche.
DIMENSIONS: 6 cm.

RÉALISATION: **Fleur A** (en col. rose): rép. 3 fs *2 m. air, sauter 1 m. et crocheter 2 br., 3 doubles br. et 1 m.c. sur la dernière m.* Couper le fil. Réaliser 2 fleurs **A.** **Fleur B** (en col. rouge): **1er tour:** commencer dans un rond formé par 7 m. air et fermé par 1 m.c., 1 m. air, 10 m.s., fermer le t. par 1 m.c. piquée dans la m. air du début. **2e tour:** 1 m. air, rép. 5 fs. *1 m.s. sauter 1 m., 3 m. air*, fermer le t. par 1 m.c. piquée dans la m. air du début. **3e tour:** rép. dans chaque arc. *1 br., 1 double br., 1 triple br., 1 quadruple br., 1 triple br., 1 double br., 1 br. et 1 m.c.*. Couper le fil. Réaliser 2 fleurs **B.** **Élément C** (en col. vert): rép. 5 fs *14 m. air, 1 m. air pour tourner, 14 m.s. dans la chaîn.*, fermer le t. par 1 m.c. piquée dans la 1re m. air de la 1re chaîn. Couper le fil. Réaliser 2 éléments **C**. Avec du fil vert, fixer 1 élément **C** (en dessous), 1 fleur **B**, 1 fleur **A** et 1 bouton (au dessus). Puis coudre l'attache.

6 cm

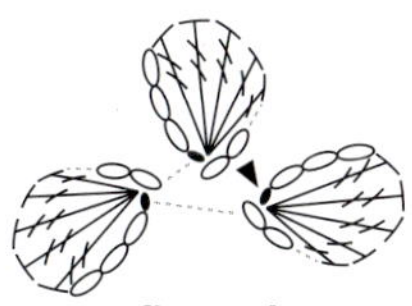

fleur A
(en col. fuchsia)

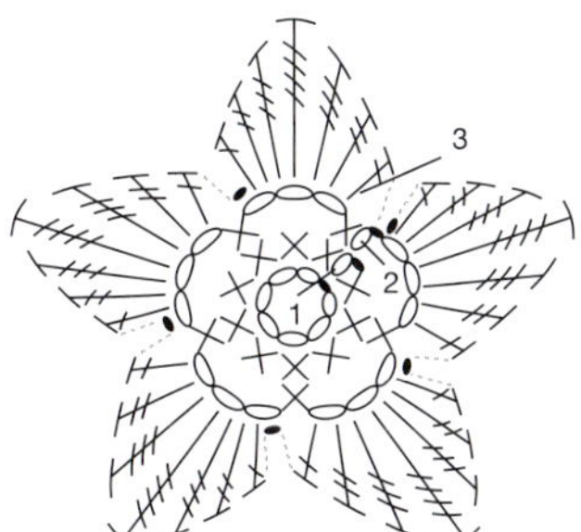

fleur B
(en col. rouge)

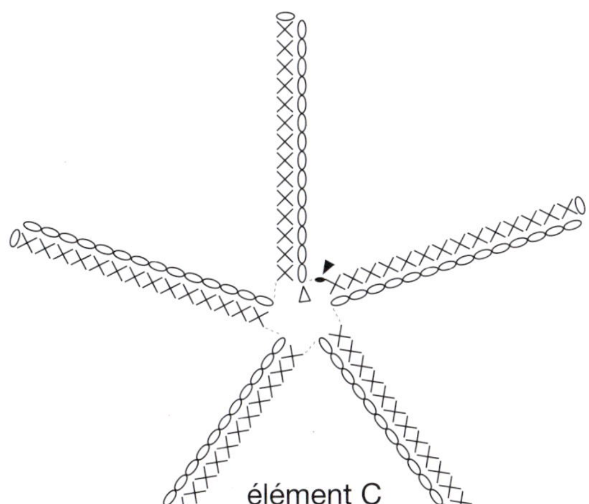

élément C
(en col. vert)

FOURNITURES: 1 pelote de fil Senso de DMC, qual. Microfibres, Art. 710 dans les col. suivants: Abricot 1103 et Vert fenouil 11007; 1 épingle à kilt à 3 attaches; 1 sachet de chaînettes cuivrées; 3 anneaux de jonction argent; 9 grosses perles de rocaille verte; du fil à coudre assorti aux couleurs des fleurs.

DIMENSIONS: 1 fleur: 2 cm.

RÉALISATION: fleur: commencer dans un rond formé par 5 m. air et fermé par 1 m.c., rép. 5 fs *4 m. air, 1 m.c. piquée dans le rond*. Couper le fil. Réaliser 5 fleurs en col. vert et 4 fleurs en col. abricot.

FINITIONS: coudre 1 perle au centre et de chaque côté de la fleur. Préparer 9 chaînettes de différentes longueurs (une de 6 m., 13 m., 26 m., 8 m., 29 m., 18 m., 18 m., 14 m. et 5 m.). Dans chaque anneau de jonction, fixer 3 chaînettes puis coudre les fleurs de sorte à obtenir 2 groupes de 2 fleurs vertes et 1 fleur abricot et 1 groupe de 2 fleurs abricot et 1 fleur verte. Fixer les anneaux sur les attaches de l'épingle en alternant les 2 sortes de groupes (voir dessin).

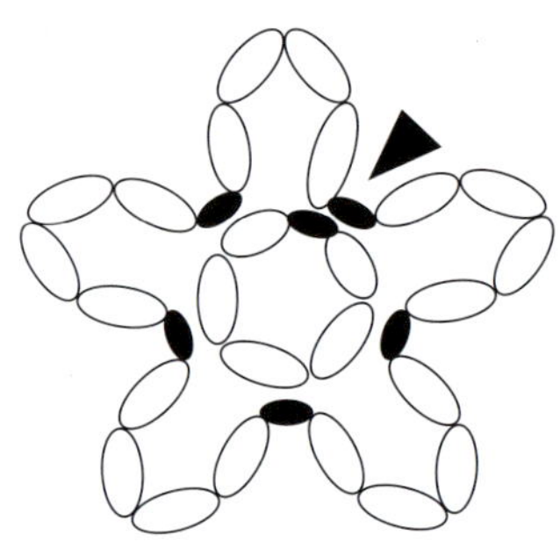

TAHITI

TAHITI

FOURNITURES: 1 pelote de fil Petra de DMC, Art. 993 n° 5 dans les col. suivants: Orange 5608, Vert 5958 et Jaune 5743; crochet acier n° 1,50; 1 paire de tongs; 2 perles facettes incolores.

RÉALISATION: fleur (en col. orange): **1er tour:** commencer dans une boucle formée avec l'extrémité du fil, 1 m. air, 10 m.s., fermer le t. par 1 m.c. piquée dans la m. air du début. **2e tour:** 1 m. air, puis rép. 5 fs *1 m.s., 3 m. air, sauter 1 m.*, fermer le t. par 1 m.c. piquée dans la m. air du début. **3e tour:** avancer en m.c. jusqu'à l'arc., 1 m. air, puis crocheter dans chaque arc. *1 m.s., 4 br., 1 m.s.*, fermer le t. par 1 m.c. piquée dans la m. air du début. **4e-7e tour:** cont. le trav. selon les indications du schéma et les symboles qui l'accompagnent. Commencer les **tours 5 et 7** en avançant en m.c. jusqu'à l'arc. Couper le fil à la fin du 7e t. Réaliser 2 fleurs. **Feuille** (en col. vert): commencer sur une chaîn. de base de 10 m. air, 3 m. air pour remplacer la 1re br., 8 br., et dans la dernière m. de la chaîn., crocheter 2 m.s., 1 m.s. et 2 m.s. pour trav. de l'autre côté de la chaîn., revenir par 9 br. Couper le fil. Réaliser 4 feuilles.

FINITIONS: Sur chaque tong, entourer les attaches avec du fil jaune, puis fixer 2 feuilles et 1 fleur avec en son centre une perle facette comme le montre le dessin.

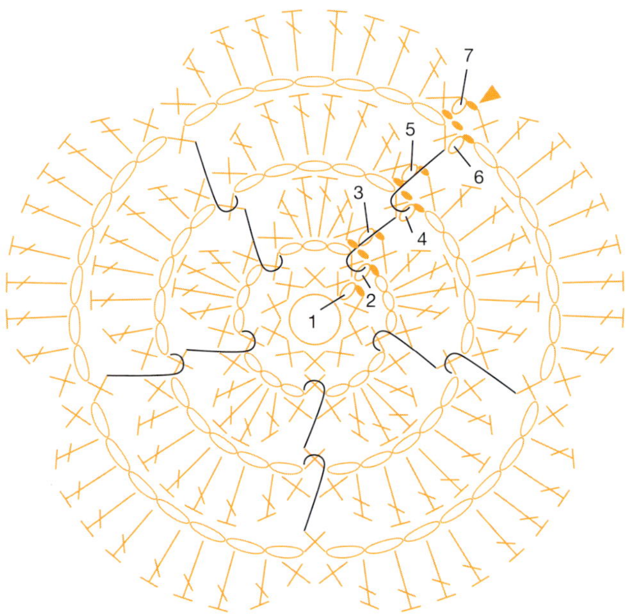

fleur
(en col. orange)

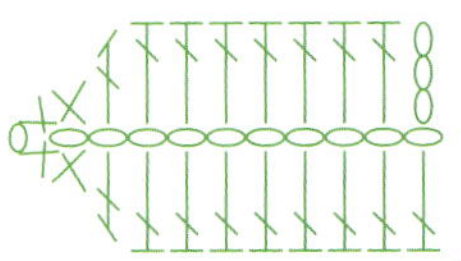

feuille
chaîn. de base de 10 m. air
(en col. vert)

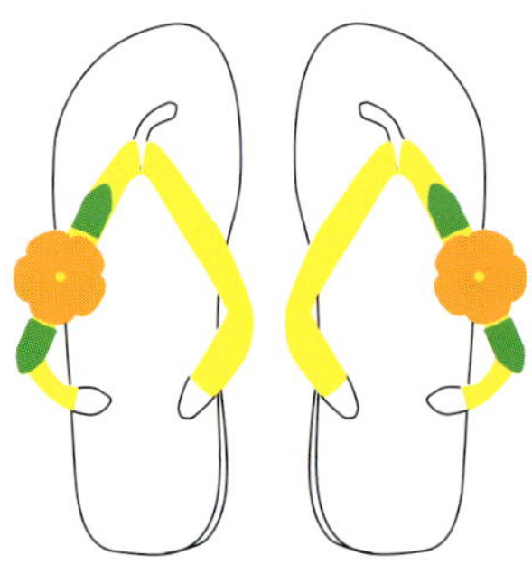

piquer le crochet horizontalement dans la m. de sorte que les pétales des t. préc. apparaissent devant l'ouvrage.

INGÉNUE

INGÉNUE

FOURNITURES: fil Senso de DMC, qual. Coton mercerisé, Art. 700 dans les col. suivants: 2 pelotes de Blanc 1001, 1 pelote de Rouge cerise 1006, 1 pelote de Rose fuchsia 1008; fil Senso de DMC, qual. Microfibres, Art. 710 dans les col. suivants: 1 pelote Mandarine 1106, 1 pelote Vert fenouil 1107; crochet métallique n° 3,00; 100 cm de croquet rose fuchsia; 2 perles en bois rose fuchsia; 2 anses en plastique transparent de 31 x 0,3 cm.
DIMENSIONS: 31 x 24 cm (soufflet = 4,5 cm de large).
ÉCHANTILLON: 27 m. x 11 rgs: 10 x 10 cm.

RÉALISATION: dos (en col. blanc): **1er-22e rang:** commencer sur une chaîn. de base de 71 m. air, 3 m. air pour remplacer la 1re br., rép. 35 fs *1 m. air, sauter 1 m., **1 br. en relief** (voir l'explication du symbole correspondant)*. Tourner le trav. Couper le fil. **Devant:** comme le dos. **Soufflet** (en col. blanc): **1er-22e rang:** commencer sur une chaîn. de base de 11 m. air, 3 m. air pour remplacer la 1re br., rép. 5 fs *1 m. air, sauter 1 m., 1 br. en relief (voir l'explication du symbole correspondant)*. Tourner le trav. Couper le fil. Réaliser 2 soufflets. **Fond** (en col. blanc): **1er-4e rang:** commencer sur une chaîn. de base de 71 m. air, 3 m. air pour remplacer la 1re br., 69 br. en relief. Tourner le trav. Couper le fil. **Fleur:** rattacher le fil au niveau d'une rés., puis rép. 4 fs *3 m. air, 3 br., 3 m. air, 1 m.c. (voir schéma*. Couper le fil. Sur le devant du sac, répartir 4 fleurs roses, 3 fleurs vertes, 3 fleurs mandarines et 2 fleurs rouges.

FINITIONS: assembler les différents éléments par 1 rang de m.s. Glisser le croquet tout autour du sac, resserrer et faire un nœud. Fixer les perles en bois aux extrémités.
Fixer les anses avec du fil blanc.

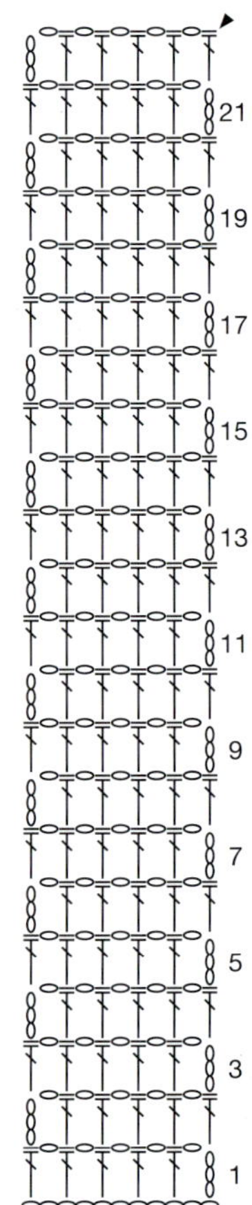

soufflet
chaîn. de base = 11 m. air
(en col. blanc)

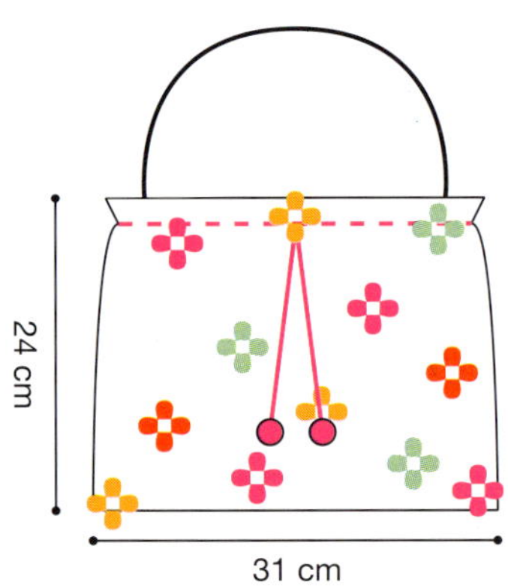

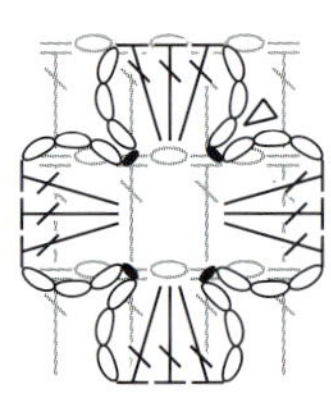

fleur
4 en col. rose
3 en col. vert
3 en col. mandarine
2 en col. rouge

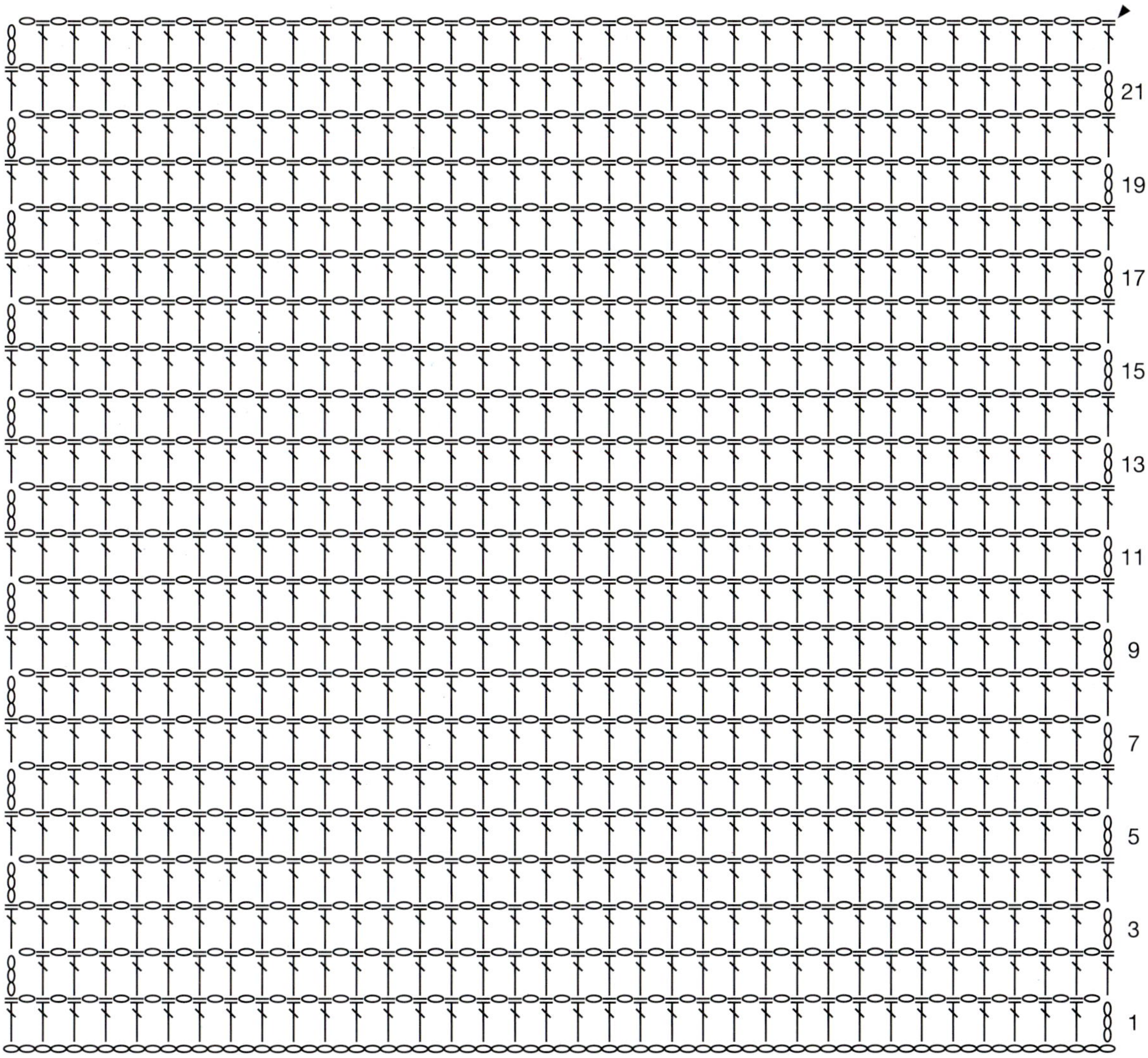

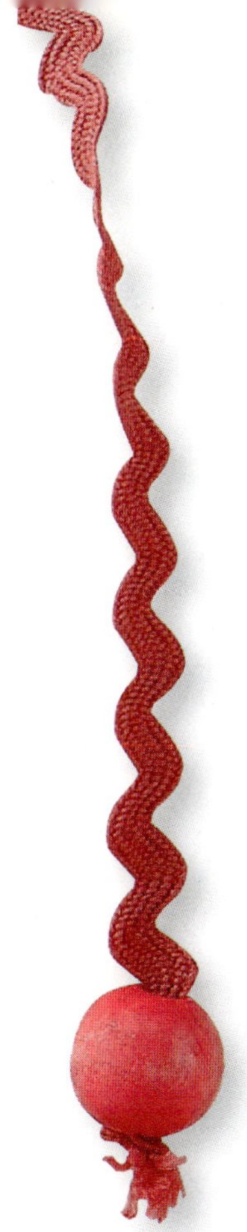

dos-devant
chaîn. de base = 71 m. air
(en col. blanc)

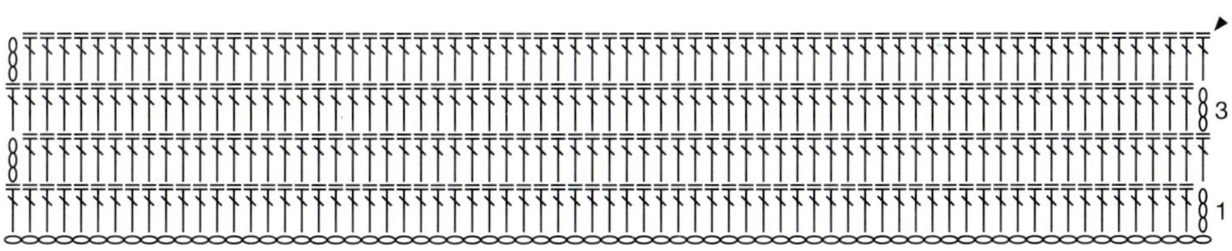

fond
chaîn. de base = 71 m. air
(en col. blanc)

br. en relief: crocheter la br. en ne prenant que le brin arrière de la m. du rg préc.

TECK

FOURNITURES: fil Senso de DMC, qual. Coton mercerisé, Art. 700 dans les col. suivants: 2 pelotes Écru 1002 et 1 pelote Vert anis 1009; crochet métallique n° 4,00.
DIMENSIONS: 14 x 16 cm.
ÉCHANTILLON: 24 br x 15 rgs: 10 x 10 cm.

RÉALISATION: (se crochète avec le fil pris en double: **1er rang** (en col. écru): commencer sur une chaîn. de base de 34 m. air, 3 m. air pour remplacer la 1re br., 33 br. Tourner le trav. **2e-3e rangs** (en col. vert): 1 m. air, 34 m.s. Tourner le trav. **4e-5e rangs** (en col. écru): 3 m. air pour remplacer la 1re br., 33 br. Tourner le trav. **6e-7e rangs** (en col. vert): 1 m. air, 34 m.s. Tourner le trav. **8e-43e rang:** reprendre les **rangs 4 à 7. 44e-55e rang** (en col. écru): cont. le trav. selon les indications du schéma. Couper le fil à la fin du 55e rg. Plier l'ouvrage en deux en faisant correspondre les bandes vertes et assembler les côtés par un rg de m.s. crochetées sur l'envers de l'ouvrage. **Anse** (en col. écru): **1er rang:** commencer sur une chaîn. de base de 3 m. air, 3 m. air pour remplacer la 1re br., 2 br. Tourner le trav. **2e rang et suivants:** 3 m. air pour remplacer la 1re br., 2 br. Tourner le trav. Réaliser une anse d'environ 105 cm. Couper le fil. Puis coudre l'anse par des points cachés. **Bouton** (en col. vert): **1er tour:** commencer dans un rond formé par 4 m. air, 3 m. air pour remplacer la 1re br., 5 br., fermer le t. par 1 m.c. piquée dans la 3e des 3 m. air qui remplacent la 1re br. **2e tour:** 1 m. air, rép. 3 fs *piquer le crochet dans 1 m., en ramener 1 boucle, piquer le crochet dans la m. suivante, en ramener 1 boucle, 1 jeté, écouler toutes les boucles*, fermer le t. par 1 m.c. piquée dans la m. air du début. Laisser environ 10 cm de fil et couper. Se servir du fil pour passer entre les m. du dernier t. et resserrer. Glisser l'excès de fil à l'intérieur du bouton. Coudre le bouton.

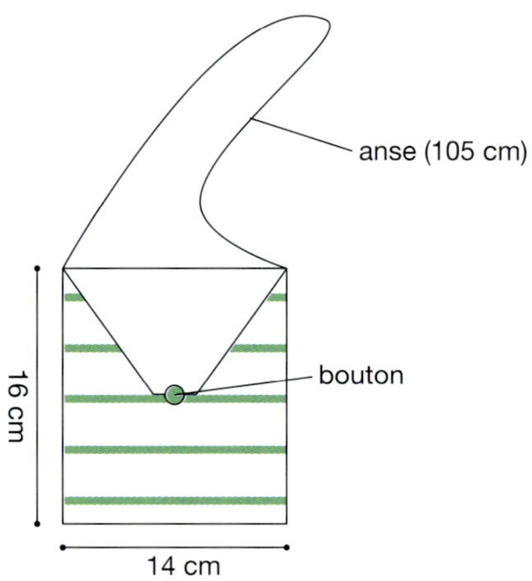

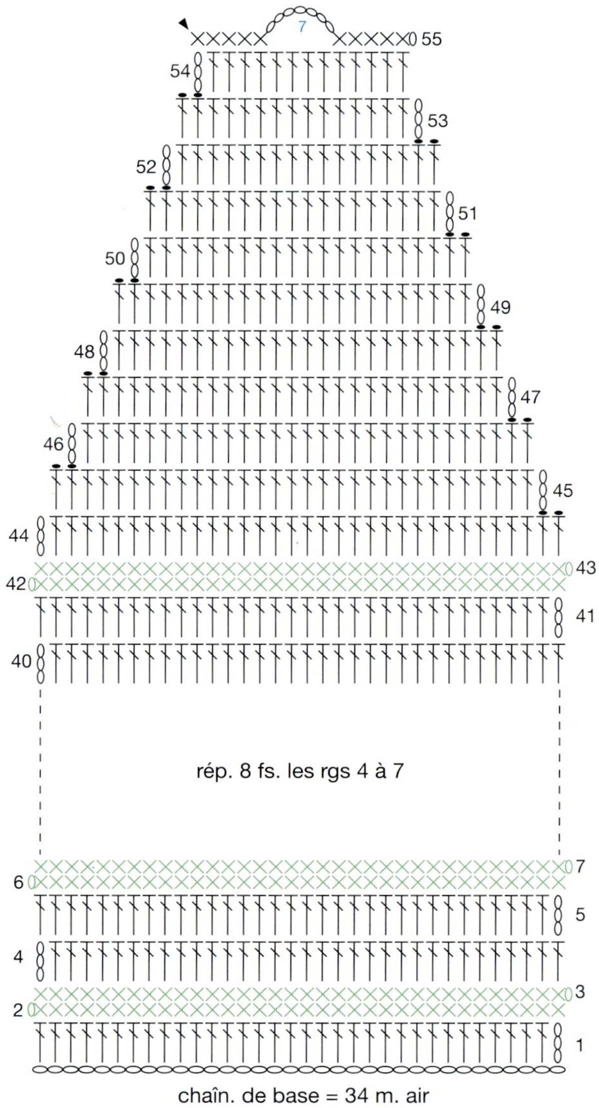

MENTHE

FOURNITURES: 4 pel. de fil Senso de DMC, qual. Coton mercerisé, Art. 700, Vert anis 1009; crochet métallique n° 4,00; 2 anses en bambou; 1 tube de perles dorées; 100 paillettes dorées; 1 paillette verte en forme d'étoile.
DIMENSIONS: 32 cm x 20 cm.
ÉCHANTILLON: 20 m. x 15 rgs: 10 x 10 cm.

RÉALISATION: (se crochète avec le fil pris en fil double): **1er rang:** commencer sur une chaîn. de base de 68 m. air, 1 m. air, 68 m.s. Tourner le trav. **2e rang:** 3 m. air pour remplacer la 1re br., 67 br. Tourner le trav. **3e-57e rang:** alterner les rgs **1** et **2**. **58e-66e rang:** cont. le trav. selon les indications du schéma. Couper le fil. Reprendre les **rangs 58 à 66** de l'autre côté de la chaîn. de base (partie en gras sur le schéma). Couper le fil.

FINITIONS: plier le sac en deux et coudre les côtés à points cachés.
Placer les anses, rabattre les 3 parties et coudre le tout à points cachés.

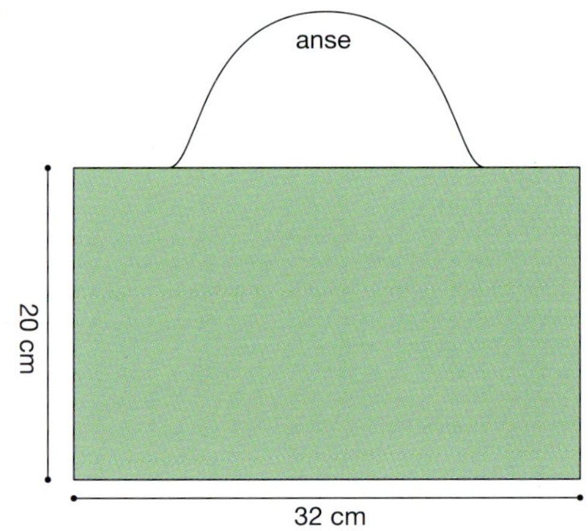

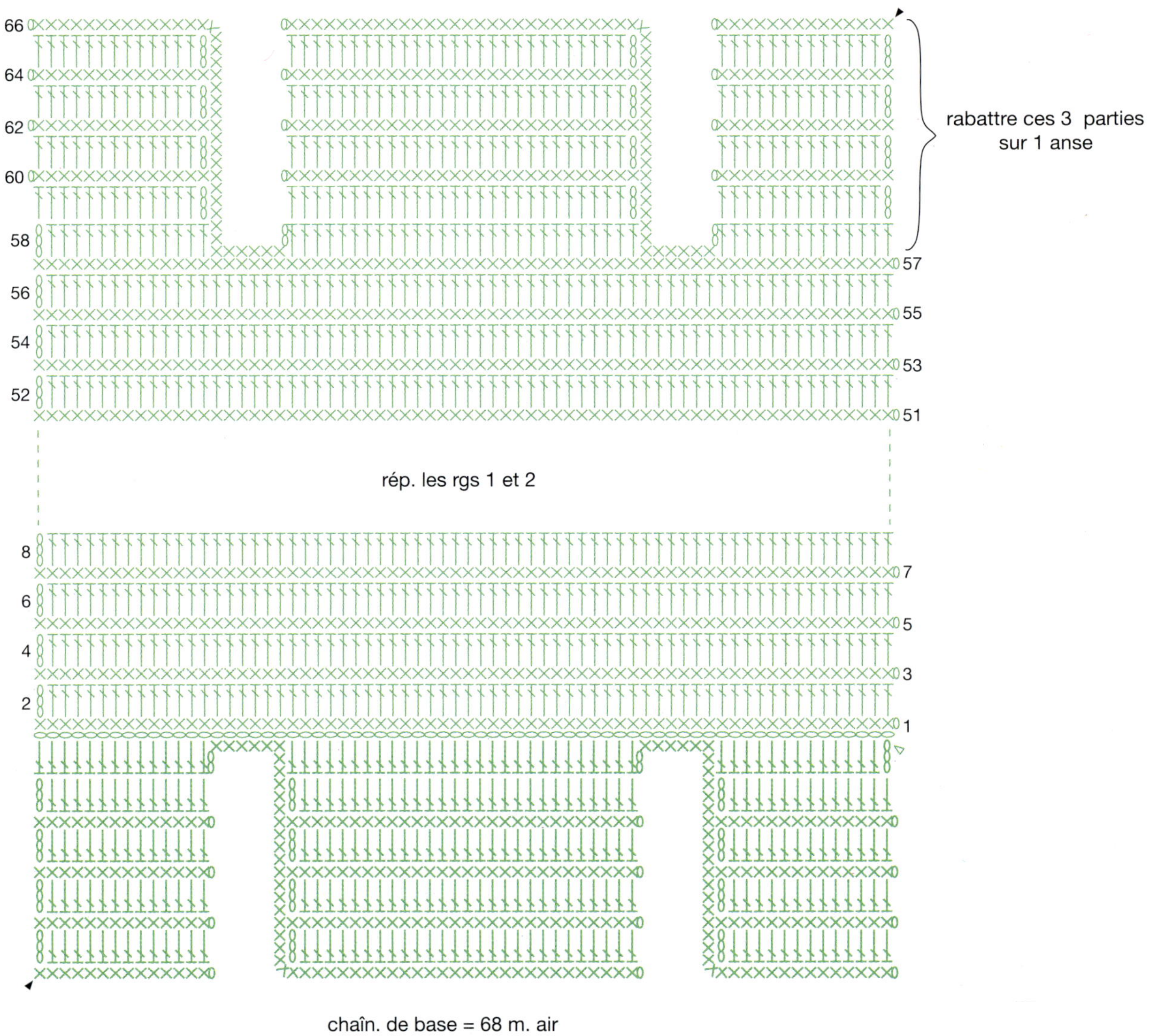

POURPRE

FOURNITURES: fil Senso de DMC, qual. Coton mercerisé, Art. 700, dans les coloris suiv.: 14 pel. Caramel 1006, 2 pelotes Rouge cerise 1006; crochet métallique n° 6,00; 1 aiguille à tapisserie; 24 x 14 cm et 62 x 30 cm de doublure.
DIMENSIONS: 22 cm de largeur x 25 cm de hauteur.
ÉCHANTILLON: 2,5 motifs x 8 rgs au pt fantaisie: 10 x 10 cm.

RÉALISATION: fond: avec le fil Caramel pris en double, commencer sur une chaîn. de base de 9 m. et trav. 10 t. de m.s. autour de la chaîn. initiale en aug. aux 2 arrondis d'après le schéma. **Côté:** cont. au pt fantaisie (voir l'explication du symbole) en répartissant 14 motifs jusqu'au 26e t., puis terminer par 4 t. de 70 m.s. et 1 t. au pt d'écrevisse comme indiqué. **Finitions:** crocheter la poignée d'après le schéma corresp. Avec le col. Rouge cerise pris en double, broder 6 bandes verticales au pt de croix en les répartissant régulièrement d'après les indications du schéma. Fixer la poignée à l'intérieur du sac. Glisser le carton préalablement découpé en ovale dans le fond du sac, fixer le fond de la doublure et le haut au niveau de l'ouverture en cachant l'extrémité de la poignée. Confectionner une cordelière et la glisser entre les m. du dernier t. au pt fantaisie avant de nouer.

pt fantaisie: faire1 m.s., étirer la boucle du crochet, sauter 3 m.s. et trav. 1 coq. (= 1 br., 1 m. air et 1 br.) sur la m. suiv.

∨ 2 m.s. sur la même m.

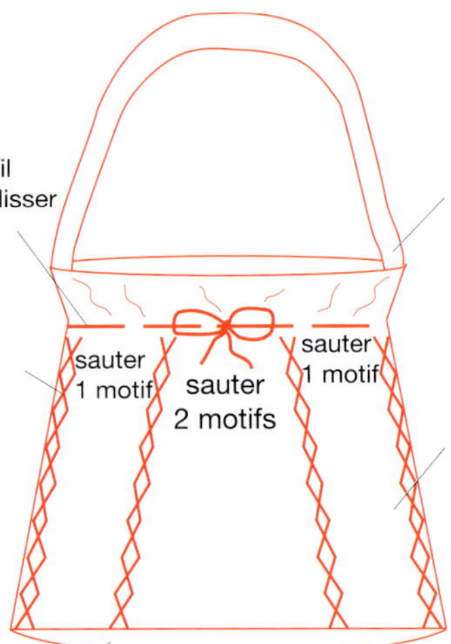

poignée: couvrir d'un rg de demi-br. 14 fils Caramel de 50 cm

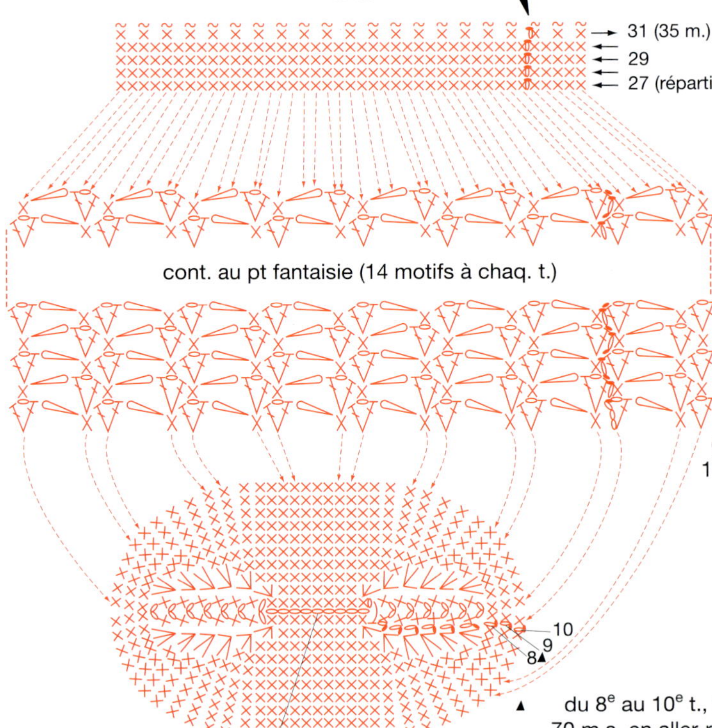

▲ du 8e au 10e t., trav. 70 m.s. en aller-retour (commencer le 8e t. sur l'env.)

noter: au 11e t., répartir 14 motifs de pt fantaisie en plaçant 1 coq. et 1 m.s. au niveau de la ligne des côtés du sac

∨ 3 m.s. sur la même m.

LES ÉDITIONS DE SAXE
20, rue Croix-Barret
69358 LYON CEDEX 7
Filiale du groupe
Keesing International Publishers

www.edisaxe.com

N° Indigo 0 825 00 42 49
0,150€ TTC / MN

Imprimerie SEA Italie
© Éditions de Saxe 2006

ISBN 2-84439-816-2

Directeur Général : Nicolas Pruvost
Rédactrice en Chef : Céline Poncet
Chef de service Crochet : Joëlle Simon
Directrice artistique : Laurence Torres

Créations réalisées pour les Éditions de Saxe par : Anne Rouzier, Vildan Uckardes, Jacqueline Breuil, Georges Pinto